"HULIANWANG+" SHIDAI XUESHU ZHENGYI YANJIU

"互联网+"时代学术争议研究

周艳波　曹培忠　著

中国海洋大学出版社

·青岛·

图书在版编目（CIP）数据

"互联网+"时代学术争议研究 / 周艳波，曹培忠
著. —青岛：中国海洋大学出版社，2022.1
ISBN 978-7-5670-2914-9

Ⅰ.①互… Ⅱ.①周… ②曹… Ⅲ.①科学研究工
作—法律—研究—中国 Ⅳ.①D920.4

中国版本图书馆CIP数据核字（2021）第169007号

出版发行	中国海洋大学出版社		
社　　址	青岛市香港东路23号	邮政编码	266071
网　　址	http://pub.ouc.edu.cn		
出 版 人	杨立敏		
责任编辑	邹伟真	电　　话	0532-85902533
电子信箱	1774782741@qq.com		
印　　制	日照报业印刷有限公司		
版　　次	2022年1月第1版		
印　　次	2022年1月第1次印刷		
成品尺寸	170 mm × 230 mm		
印　　张	5.75		
字　　数	101千		
印　　数	1～500		
定　　价	29.00元		
订购电话	0532-82032573（传真）		

发现印装质量问题，请致电0633-8221365，由印刷厂负责调换。

作者简介

周艳波　法学博士、副教授、硕士生导师、律师、仲裁员，山东农业大学1512第三层次人才，中国民事诉讼法学会理事，主持国家社科基金后期资助暨优秀博士论文项目课题一般项目，山东省社科规划课题法学专项等多项课题，在《南开学报》《学术界》等学报上发表多篇论文，研究成果获得山东省高等学校优秀社科成果奖励和山东省软科学奖励。

曹培忠　教授、律师、山东省优秀仲裁员，2002年获得堪培拉大学法学学士学位，主持国家社科基金教育学一般项目、中国法学会一般项目以及山东省社科规划课题等多项课题，在*China Foreign Trade*等学报上发表多篇论文，研究成果获得省级奖励，被聘为山东省涉外仲裁百人团成员。

内容介绍

　　"互联网+"时代，作为特殊社会纠纷的学术争议有着自己的特点，其表现为"同源稿"和科研指标化等多种类型，应按照证据制度的不同要求，从科学证据适格性上，借助传统争议的解决方式和商事争议的救济方式，建立多元救济体制，实现"互联网+"仲裁救济方式，以适应中国后RCEP（区域全面经济伙伴关系协定）时代发展的要求。

前 言
FOREWORD

随着经济全球化,特别是WTO的诞生和中国入世以及RCEP时代的到来,文化发展和融合的趋势更加明显,法律的作用更加重要。在解决争议的过程中,学术争议作为特殊的社会纠纷具有自己的特点。作者长期从事诉讼法和国际仲裁的教学与科研,同时在双语教学的实践和研究方面取得了一定的成绩,先后主持和参加多项国家社科基金教育学课题和国家社科基金后期资助课题研究,在研究过程中发现学术争议的类型复杂,传统的争议解决方式难以发挥作用,必须借助诉讼法学的现代证据制度,借鉴传统的社会治理方式,在"互联网+"时代实现多元化解决,只有这样才能应对中国后RCEP时代的要求,对此作者提出要建立学术争议救济机制,加强基础研究。

本书特点鲜明:一是专业性强,每篇课题研究成果单独成文,有较多的专业信息,是多年诉讼法学和国际仲裁法学研究的成果总结;二是内容丰富,符合学术著作要求，内容详略得当；三是视角新颖，本书内容都是基于最新的政策和国际背景，如RCEP协议；四是结构清晰，逻辑性强。

　　当然本书还有一些缺点，这也是本书的价值所在，希望为以后的教学科研提供研究方向，也希望能够引发读者和学者的兴趣，为今后学术争议救济制度的构建奠定基础。

刘敏

南京师范大学法学院教授，博士生导师

2020年1月于南京

目 录
CONTENTS

第一章
研究概述

　　学术纠纷作为一种特殊的社会纠纷，体现着社会纠纷的一般特征。但是从学术起源上看，学术体现着自由、自治、中立、独立、自由和神圣，有着自己的鲜明特点。依据诉权的"私法说"和"公法说"，学术争议都具有诉权的主客观构成要件，是可以救济的。但是在"互联网+"时代如何解决科技发展背景下的学术争议，是新时代高等教育发展的重要内涵。为此，本书基于国际化背景，通过广泛的综合性考察，运用多学科和多种方法，以期在学术争议救济理论和实践体系中，创新性地建设中国特色学术争议的解决机制，克服传统解决方式的缺陷，这也是新时代学术研究和司法建设的重要内容。

第一节 国内外研究综述和研究内容

一、核心概念的界定和研究综述

（一）核心概念

1. "互联网+"的概念

"互联网+"的概念是2012年11月由于扬在易观第五届移动互联网博览会的发言时首次提出，他认为在未来，"互联网+"模式应该是我们所在行业的产品和服务模式，也是我们在未来看到的多屏全网跨平台用户场景结合之后一种模式。

2. 学术争议的概念

从词源学上讲，"学术争议"是一个偏正词组，是关于学术问题的争议或者是学术意义上的利益对抗状态。学术在传统文化中，有着丰富的内涵。"学术"一词最早出自《史记·老子韩非列传》[①]，之后又有不同的含义，指治理国家的能力[②]、观点、主张和学说等[③]；其现代意义上的内涵是指存在物及其规律的学科化，包括学风、学识和学术机构等。学术对应的英文是academia，academia来源于古希腊语Ἀκαδήμεια，是"学院"的意思，后泛指进行高等教育和研究的科学与文化群体。从此可以看出，

---

① 参见《史记·老子韩非列传》："申不害者，京人也，故郑之贱臣。学术以干韩昭侯。"

② 参见《北史·宇文护传论》："然护寡於学术，昵近羣小，威福在己，征伐自出，有人臣无君之心，为人主不堪之事，终于妻子为戮，身首横分，盖其宜也。"

③ 参见南朝宋范晔《后汉书·盖勋传》："凉州寡於学术，故屡致反暴。今欲多写《孝经》，令家家习之，庶或使人知义。"

学术不仅有着深厚的历史底蕴，更有近现代意义上的发展。学术争议是关于高等教育和研究的科学与文化群体等意义的争议，但是目前还没有统一的内涵和外延。一般认为，学术争议是指在学术活动以及解决与学术相关的各种事务中，学术活动主体之间发生的，以学术权利、义务为内容的社会纠纷。概言之，学术争议就是一种特殊的社会纠纷。

（二）国内外研究综述

1. "互联网+"时代内涵和计划研究

随着信息的快速发展，我国进入了"互联网+"时代和高风险时代。2014年11月，李克强总理出席首届世界互联网大会时指出，互联网是大众创业、万众创新的新工具。其中"大众创业、万众创新"正是此次政府工作报告中的重要主题，被称作中国经济提质增效升级的"新引擎"，可见其重要作用。2015年3月5日上午，第十二届全国人大三次会议上，李克强总理在政府工作报告中首次提出"'互联网+'行动计划"。上述背景为本书的研究内容奠定了坚实的政策基础，但是缺少行业分析和区域样本。

2. 风险社会研究

相关研究认为中国已经是高风险社会，以土地为例，风险主要集中在土地分置权利与城镇化冲突和资源匮乏等方面（王德起等，2015；吴次芳，2012；黄贤金等，2013）；农村土地分置纠纷是社会各种关系、宗族势力和政治经济利益的复杂竞合，是社会发展潜在的危险因素（白呈明，2007）。

3. 学术争议的范围和相关法律关系研究

秦惠民教授于2005年发表的《司法应谨慎介入学术纠纷》一文是高校学术争议的始源性研究，他认为学术纠纷有别于行政纠纷，司法应谨慎介入；之后又有学者发表文章，研究学术争议的特质等问题（李昌祖，姜国平，2008）。伴随着第一部仲裁法的诞生，英美国家的学术争议解决也开始借助于仲裁，从实践上看，学术争议不仅涉及专业和科学问题，而且也涉及民事、行政问题，形成了准司法解决的途径（Hery J.2013）。学术争议的范围比较宽泛，形式多样。但是目前无论是学术界还是实践中都没有形成统一的概念，依据法学家萨维尼法律关系理论的"法律关系权利说"，学术争议涉及科学研究的权利和行政、民事等权利，应当依据上述理论和传统惯例首先确定学术争议的范围。

4. 学术争议解决的模式和对比研究

学术争议不同于传统的争议，应建立新的多元争议机制（谭晓玉，2009），要从高等教育生态化角度认识处理好学术争议和科学的关系（贺祖斌，2010；万金店，2005）；建立多元化的学术争议解决机制（张士昌，2005）。从学术争议解决的实践上来看，主要是行政模式，如大陆法系的德国和法国，都是通过教育主管机关以及司法途径予以救济。韩国和新加坡等教育发达的国家，处理纠纷的途径也是先由教育主管行政部门处理；对处理结果不服的，可以上诉到上一级教育行政主管部门（棚濑孝雄，2004）。美国的学术争议解决与ADR（Alternative Dispute Resolution）模式相结合，先通过学校内部或民间调解机构解决，后经行政主管机关处理，最后再付诸司法程序救济，该程序充分维护高校的学术自由权利（Frank，2012）。我国主要是行政模式为主，单位解决为辅，最后诉诸司法。但是就学术争议解决模式而言，美国等国家的ADR模式更有利于学术进步和科技发展，便于高校对于学术判定的自由裁量权（Sevier Robert，2006）。但是在我国，如何更好地发挥行政管理高效统一和高校自主管理的优势是一个十分现实的问题。

5. 创新与组织和技术变革关系研究

创新是指以一定的思维模式和方法，通过有别于传统的见解或者思路，利用现有的条件，改进或创造新的事物、方法、元素、路径、环境，并能获得一定有益效果的行为。在经济学中，创新概念最早源于美籍经济学家熊彼特1912年出版的《经济发展概论》，他提出了创新的五类情况（熊彼特，1912）。20世纪60年代，新技术革命的迅猛发展，美国经济学家华尔特·罗斯托提出了"起飞"六阶段理论，将"创新"的概念发展为"技术创新"，把"技术创新"提高到"创新"的主导地位。美国国家科学基金会（National Science Foundation of U.S.A.）也从20世纪60年代开始兴起并组织对技术的变革和技术创新的研究，迈尔斯（S.myers）和马奎斯（D.G.Marquis）是主要的倡议者和参与者。20世纪70至80年代开始，有关创新的研究进一步深入，开始形成系统的创新理论。研究认为技术创新从新思想、新概念开始，通过不断地解决各种问题，最终使一个有经济价值和社会价值的新项目得到实际的成功应用，并认为高校等机构是主体。我国自20世纪80年代以来开展了技术创新方面的研究，傅家骥先生对技术创新下了定义（傅家骥，1983）。进入21世纪，信息技术推动知识社会的形成，对技术创新的影响进一步被认识，科学界进一步反思对创新的认识，认为创新与组织和技术变革有着密切的联系。但上述研究缺少行业样本。

6. 社会传统纠纷的"网格化"模式内涵和基本架构研究与学术争议解决的借鉴研究

研究认为，应按照一定的标准，将管理和服务对象划分成为单元网格，通过加强对单元网格的部件和事件巡查，建立一种监督和处置互相分离的形式。但是上述研究缺少系统化和法治化，如依据萨维尼法律关系理论，可以发现乡村基层治理"网格化"模式包含不同的法律关系，有着不同的主体权能。现代乡村基层治理的"网格化"模式凸现了基层智慧，在深化改革的伟大实践中，坚持马克思法学观点，以唯物史观为理论基础，以革命实践为思想来源，首先要立法先行、制定良法，它不仅是提高立法质量的关键环节，而且是整个法治体系和法律保障的前提和基础。

7. 学术争议多元解决机制的国际化经验借鉴研究

从历史上看，我国救济措施相对单调，应借鉴国际社会的先进经验。在"互联网+"时代，许多机构如WIPO，依据"非内国化"理论在线解决了大量学术争议。据WIPO官网统计，自1999年以来，解决了15 800件案件，涉及150多个国家和28 000个学术争议，其程序简单，裁决快捷（WIPO，2018）。欧盟的学术争议解决机制也经过了一个长期的过程，最终形成了法院外争议解决机制（Out-of-Court Disputes Settlement System，OCDSS）和诉讼机制的两大体系（EU，2018）；美国的"虚拟治安法官项目"（Virtual Magistrate Project）是世界上最早的在线仲裁项目，无论是仲裁程序还是仲裁规则都是最先进的，成为国际社会的范式（美国仲裁委员会，2000）。上述机构的在线仲裁程序、效力和执行等问题为我国建设学术争议的多元解决机制提供了借鉴。

（三）研究动态

基于学术争议的特殊性及其与现代技术的融合，发挥多元解决机制优势和科学技术的优势，高效便捷地解决争议，保护学术的科学性和严肃性，防止出现与一般争议的混同，是当今司法和科技发展的重要趋势。正是由于学术具有复杂性、不确定性和高度专业性的特点，决定了处理学术纠纷途径的特殊性。本研究的基本方向主要体现在以下方面：① 学术纠纷的客观性和特殊性认识成为普遍共识；② 学术争议难以通过单纯的司法救济来保护受损害或侵犯的合法权益，应通过多元化解决机制才能保证学术的自由与神圣，促进社会经济、科技的创新和发展；③ 在经济全球化和信息化时代，学术争议有着鲜明的与高科技结合的发展态势，应借助"互联网+"实现在线救济。总之，学术争议的解决机制必须实现救济途径的多元化，依此促进科技和组织体系的创新，实现社会进步。

（四）学术价值和应用价值

1. 学术价值

在以往研究的基础上，本研究借助法学家萨维尼的法律关系理论和国际社会"非国内化"仲裁理论，建设"互联网+"时代学术争议解决理论体系，丰富当下学术争议在线救济制度。

2. 应用价值

本研究可完善学术争议机制，借鉴仲裁理论，维护学术权威性，促进学术创新。

二、研究内容、研究总体框架目标、思路方法和创新

在综合梳理的基础上结合理论发展和社会实践，开展如下研究。

（一）研究内容

1. "互联网+"时代学术争议的客观规律性研究

基于学术争议的特质，在"互联网+"时代，借助法学家萨维尼的法律关系理论，研究学术争议的范围以及所涉及的法律关系；从学术争议的概念、类型、特质、产生原因和规律性，分析比较与其他纠纷的区别，从中差异化分析新的历史时代学术争议的客观规律性。

2. 创新与学术活动契合机制研究

研究传统的创新理论，如华尔特·罗斯托"创新阶段理论"对于学术活动的影响；从建设创新型国家的角度研究创新对于学术活动影响的内在规律和外部表象形式，分析二者的契合机制；从创新发展的历史脉络中，还原学术的本原和现代意义，即学术现代意义的内涵是指存在物及其规律的学科化，包括学风、学识和学术机构等。结合发达国家的科技创新的经验和教训，分析研究我国建设创新型国家过程中高校学术活动的规律性。

3. 学术争议的客观规律性研究

基于学术争议的客观现实性，研究高校学术争议的客观规律性和时代特征，学术争议的概念内涵、外延、表现形式、类型和法律关系属性等因素；结合学术争议的特质，即学术争议不同于一般意义上的争议，学术纠纷作为一种特殊的社会纠纷，体现着社会纠纷的一般特征，再结合学术的起源，即学术体现着自由、自治、中立，无论是柏拉图和他的学生阿凯西劳斯建立的"中世纪学院"，还是以牛津和剑桥为代表的现代大学强调学术的独立、自由和神圣，都表明学术争议有着自己的鲜明特点，以此为基础研究学术争议的时代性。

4. 学术争议解决的基础理论研究

本研究通过移植法律理论，结合纠纷的救济机制，以现行法律规范为基础，借助传统纠纷的解决机制和国际社会关于纠纷的救济机制，如ADR，开展学术争议多元解决机制的基础理论研究。本研究在移植法律理论的基础上，结合学术争议的特点，开展争议解决的多元化解决机制研究，并通过现代科技手段，借鉴先进的争议解决措施，如仲裁等法制制度，力求构建具有中国特色的学术争议解决理论体系，并结合社会资源和司法资源，在建设创新型国家的战略背景下，研究如何建设中国特色的学术争议多元解决机制的理论体系。

5. 学术争议的多元解决机制及其对比性研究

本研究主要在借鉴传统救济机制和际社会有益经验基础上，结合时代背景，建设有中国特色的学术纠纷多元解决机制，并对比分析不同解决机制的差异，从中厘定多元机制的差异性和优化性，综合建设有中国特色的学术纠纷多元解决理论体系和实践体系，实现解决措施的优化和本土化。

6. 借鉴传统的"网格化"模式内涵和基本架构的客观规律性研究

通过实地调研，结合基层治理经验，在部分地区就"网格化"模式的经验性问题和学理性问题，开展实证研究。通过对比的方法，对比研究乡村基层治理"网格化"模式的规律性和制度要素性内容，如范围、程序和法律效果，对比分析社会效果和法律效果。通过对比分析，如枫桥经验与其他服务模式和地区的经验分析，凝练出"平安山东"和"法治山东"的山东经验的基本内涵；通过分析效果，特别是其他服务管理效果，凸现"网格化"服务管理的中的优点和成功经验。通过实证研究，分析该模式的学理问题。

7. 总体框架

本研究在以往研究的基础上，通过借鉴国际社会的有益经验和先进做法，在加快建设创新型国家的背景下，通过移植法律理论，建设学术争议制度，解决学术争议解决过程中遇到的难题，也是严重影响我国高等创新教育发展和落后于发达国家的社会实践问题。

（二）总体框架和目标

在"互联网+"时代，通过借鉴国内外经验，解决我国高等教育目前发展中遇到的难题，实现教育现代化。本课题的目标是：第一，实现学术价值的理论目标，通过学术争议在线仲裁的理论建设，实现学术争议的客观规律性认识和纠纷解决的可行性评价；第二，实现应用价值目标，发挥在线优势，实现学术纠纷解决的在线机制建设。

第二节 研究方法论

一、研究思路和方法

（一）课题研究思路

课题研究的基本思路见图1-1。

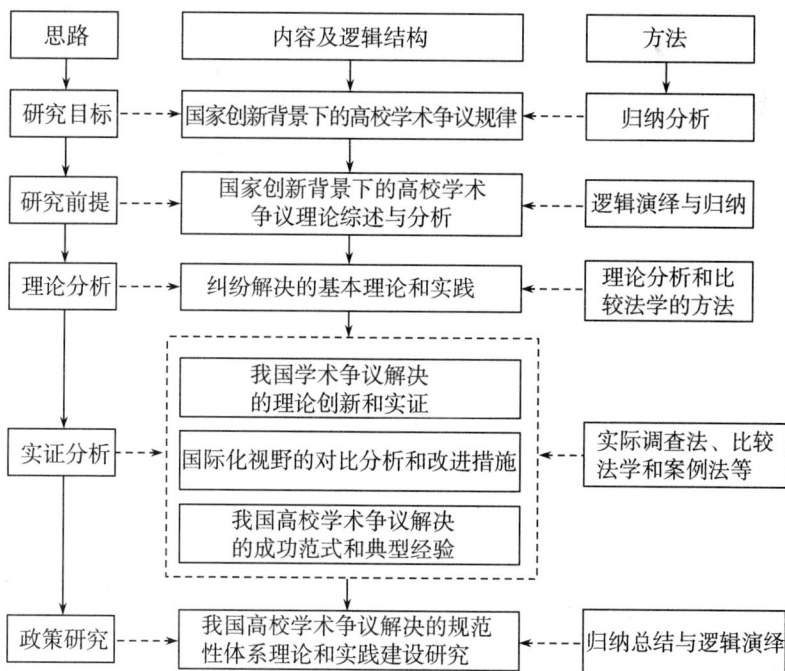

图1-1 课题研究思路流程图

（二）研究方法

本书坚持马克思主义哲学的基本理论与基本方法，以科学的态度研究和分析问题，注重多学科理论的综合运用和互验，侧重运用文献综合法、比较法学和实际调查法等方法进行研究。

二、创新和可行性评价

（一）创新之处

1. 学术思想的特色和创新

本书提出了符合学术规律的价值判断，即我国可以运用著名法学家萨维尼的法律关系理论分析学术争议所涉及的法律关系的内涵，同时运用"非内国化"在线仲裁理论，解决在线仲裁的形式和实质性法律问题；依据中国客观实际，建设学术争议在线仲裁的理论体系和实践体系。

2. 学术观点的特色和创新

本书特色主要体现在以下方面：一是依据萨维尼法律关系理论可以发现，学术争议法律关系内涵不同于传统的其他纠纷的内涵；国际上通行的"非内国化"在线仲裁理论上可以借鉴，面对快速发展的"互联网+"时代有着广阔的发展空间；二是我国司法资源不足，应借鉴国际社会的经验，如WIPO或者EU发挥一体化优势，形成以司法外争议解决机制（Out-of-Court Disputes Settlement System）的学术争议解决的网络体系，以适应蓬勃发展的高等教育。

3. 研究方法等方面的特色和创新

研究方法方面的创新主要体现在：一是通过比较法学的方法，比较借鉴不同模式和理论体系；二是通过用法社会学法、实际调查法、文献法、定性和定量结合等方法收集、分析资料，得出结论；三是各种方法互相检验，实现社会科学研究的定性和定量结合。

（二）研究计划

依据课题内容，研究分为以下阶段：① 第一阶段（周期半年），资料占有、收集、整理和分析阶段；② 第二阶段（周期半年），理论要素建设阶段；③ 第三阶段（周期一年），理论实践和经验验证阶段。

（三）可行性评价

本研究在全民创新的政策背景下，讨论如何解决学术争议，其研究内容与研究的理论基础都有现实意义。本研究理论扎实、可行性强。研究通过借鉴国际社会的有益经验和先进做法，在加快建设创新型国家的背景下，通过移植法律理论，建设学术争议解决制度，解决目前我国高等教育发展中遇到的难题。在新的政策和背景下，就高校学术争议的规律性开展研究，对于建设公平和社会价值秩序合理性提供了重要的参照。本研究通过将教育体系、司法体系和政策体系结合起来，实现学术健康发展。本研究思路清晰，方法恰当可行。

第二章

"互联网+"时代的学术争议

2018年9月9日，我国成立了第一家互联网法院——北京互联网法院，这是"互联网+"时代落实中央全面深化改革委员会审议的一项重要工作[①]，全面发挥了司法在推动网络经济创新发展、保障网络安全、构建互联网治理体系等方面的职能作用，同时也是践行党的十九大报告中提出的坚持高质量发展，优化经济机构机，转换增长方式，与电子商务协同发展，推动电子商务快速发展等内容的重大措施。面对发展迅速的"互联网+"经济，传统的纠纷解决机制已经不能有效地解决电商等新型纠纷，为解决司法体制改革中出现的新

[①] 新华网评.中国有了"互联网+"计划［EB/OL］.http：//www.xinhuanet.com//2015−03/06/c_1114544768.htm，2018−12−21.

问题①，发挥互联网的便捷和全时空等优势，通过与ADR等解决方式的融合②，建立在线争议解决机制，实现法治现代化，成为当下法治建设的重要内容。

第一节 "互联网+"的时代内涵和发展

一、"互联网+"的时代内涵和特征

"互联网+"是融合的产物，将互联网作为当前信息化发展的核心特征提取出来，与工业、商业、金融业等服务业全面融合。其中关键就是创新，只有创新才能让这个"+"真正有价值、有意义。以教育和"互联网+"为例，就是结合教育和信息化特点，在信息交流、融合和发展上实现传统教学的创新，对于教学模式、教学内容和教学手段系统进行改革，提升参与度。正因为此，"互联网+"被认为是"创新2.0"下的互联网发展新形态、新业态，是"知识社会创新2.0"推动下的经济社会发展新形态演进。通俗来说，"互联网+"就是"互联网+各个传统行业"，但这并不是简单的两者相加，而是利用信息通信技术以及互联网平台，让互联网与传统行业进行深度融合，创造新的发展生态。

其基本特征如下。

（1）跨界融合和创新驱动。"+"就是跨界融合、变革和开放，在跨

---

① 李浩.法官离职问题研究［J］.法治现代化研究，2018（3）：3～4.
② 《国际经济法》编写组.国际经济法［M］.北京：高等教育出版社，2019：399.

界的同时，创新融合发展的基础，从研发融合、协同到产业化的协同，这不仅是身份的融合，如客户消费转化为投资伙伴参与创新，更是要创新驱动，因为中国粗放式的资源驱动型增长方式早就难以为继，必须转变到创新驱动科学发展，实现以建设生态文明为主的科学发展体系，利用互联网思维来求变、自我革命，更能发挥创新的力量。

（2）重塑结构。信息革命、全球化、互联网业已打破了原有的社会结构、经济结构、地缘结构、文化结构。在该过程中，权力、利益、议事规则、话语权不断在发生变化，世界结构也发生了不同程度的变革，变革改变了治理方式，实现了"互联网+"独有的虚拟社会治理方式。

（3）尊重人性和天赋。人性的光辉是推动科技进步、经济增长、社会进步、文化繁荣的最根本力量，互联网的力量之强大来源于对人性的最大限度的尊重、对人体验的敬畏、对人的创造性发挥的重视，如分享经济。

（4）开放生态和连接互通。关于"互联网+"，生态是非常重要的特征，而生态本身就是开放的、包容的，同时也是发展变化的，在推进"互联网+"的同时进入新的时代，其中一个重要的方向就是要把过去制约创新的环节化解掉，把孤岛式的创新连接起来，让努力者有机会实现价值，实现社会的连接，实现多层次的、有差异的连接，进而实现"互联网+"的目标。[1]

二、"互联网+"的发展

"互联网+"时代代表着一种新的社会形态，即充分发挥互联网在社会资源配置中的优化和集成作用，将互联网的创新成果深度融合于经济、社会各域之中，提升全社会的创新力和生产力，形成更广泛的以互联网为基础设施和实现工具的经济发展新形态。对此，在快速发展的中国，伴随着产业化和信息化的发展，2015年7月4日，国务院印发了《国务院关于积

---

① 参见新华网评：中国有了"互联网+"计划. 中国物联网。

极推进"互联网+"行动的指导意见》。2016年5月31日,教育部在京发布《中国语言生活状况报告(2016)》。[①]

在新的形势下,以信息技术为核心的产业革命实现了"双创"发展,这是"互联网+"时代的重要发展趋势。

新一代信息技术发展推动了知识社会以人为本、用户参与的创新和演进,这种创新以用户创新、开放创新、大众创新、协同创新为特征,彻底改变了人们的生活方式、工作方式、组织方式、社会形态,进一步影响文化、教育等领域。在这种趋势下,为推动企业2.0、政府2.0、社会2.0、合作民主、智慧城市等新形态的演进和发展,"互联网+"或为创新2.0下的互联网与传统行业融合发展的新形态、新业态、新常态。网络会同无所不在的计算、数据和知识,一起推进全面创新以及数字向智能的演变,同时推动"互联网+"时代的演进与发展,如人工智能技术的发展,它包括深度学习神经网络、无人机、无人驾驶、智能穿戴设备以及人工智能群体系统集群及延伸终端,这些将进一步推动人们现有的生活方式、社会经济、产业模式、合作形态的颠覆性发展。

总之,从现状来看,"互联网+"尚处于初级阶段,各领域对"互联网+"还在做论证与探索,特别是传统行业,它们正努力借助互联网平台增加自身利益。如传统行业开始尝试营销的互联网化,借助B2B、B2C等商业模式来实现网络营销渠道的扩建,增强线上推广与宣传力度,逐步尝试网络营销带来的便利。与传统企业相反的是,在"全民创业"的常态下,企业与互联网相结合的项目越来越多,诞生之初便具有"互联网+"的形态,因此它们不需要再像传统企业一样转型与升级。"互联网+"正是要促进更多互联网创业项目的诞生,从而无须再耗费人力、物力及财力去研究与实施行业转型。可以说,每一个社会及商业阶段都有一个常态以及发展趋势,"互联网+"的发展趋势则是大量"互联网+"模式的爆发以及

---

① 年度十大网络用语公布"为国护盘"等入选.网易新闻。

传统企业的"破与立",是信息变革和发展的模式在互联网环境下的融合发展以及创新发展。①

第二节 "互联网+"时代的学术争议

一、一起案件引出的话题

党的十九大号召加快建设创新型国家,培养具有国际水平人才队伍,加强国家创新体系建设,坚定文化自信。②然而现实生活中却面临着潘德克顿困境③,无论从宪法的立法上还是民法的立法上都没有将学术权利体系科学化和系统化④;而现实中的学术生态也呈现出世俗化和利益化,导致青年学者并没有坚定的学术信仰和学术追求。为此党和国家出台了有关文件和政策,如中办、国办印发《关于进一步弘扬科学家精神加强作风和学风建设的意见》,要求弘扬科学家精神,优化学风,净化学术界,提倡学术争议和学术争鸣,由此可见学术的重要性。历史实践证明,只有加强

---

① 在文章过程中部分内容参考了百度内容,在此表示感谢。笔者自注。

② 习近平. 决胜全面建成小康社会夺取新时代中国特色社会主义伟大胜利——在中国共产党第十九次全国代表大会上的报告[M],北京:人民出版社,出版年份:31.

③ 法学上所说的潘德克顿,大体有3种不同的含义。其中之一是罗马皇帝查士丁尼编纂《民法大全》的所有部分,即《学说汇纂》,是当时著名法学家的言论集,可以作为有效的法律渊源,但是本身不是立法的产物,一般将其称为潘德克顿。它是西方经验法学和理性法学的重要学派内容。

④ 1982年《宪法》中虽然规定了公民的文学艺术创作权利,新通过的《民法总则》权益部分预设了其他权益的内容保护,但是十分模糊。

基础内容的研究，规范相关立法，才能实现工业化和现代化。在强调加强
文化自信的今天，如何理性认识学术争议，不仅是一个理论范畴的问题，
同时也是实践中的问题。本文基于学术争议的概念和特质，以萨维尼诉权
私法理论和法律关系理论，在学术争议协议产生管辖权的前提条件下，从
学术的本源出发，结合学术演进的历史进程，分析学术争议的可仲裁性，
丰富我国学术争议的理论内涵。

二、学术争议的概念及其特质

从概念逻辑上讲，学术争议有着社会纠纷的一般特征，如解决方式
的可选择性和解决内容的可处分性[①]，但是从学术起源上看，学术体现着
学术自由、学术自治、学术中立，无论是柏拉图和他的学生阿凯西劳斯建
立的"中世纪学院"，还是以牛津和剑桥为代表的现代大学，都强调学术
的独立、自由和神圣，因此学术争议有着自己的鲜明特点。一是学术争议
是一种非典型性的纠纷，具有内部性特征和外部性特征。所谓的典型性纠
纷就是纠纷的广度和深度有着显著特点，如财产性纠纷和契约性纠纷。由
于高校学术权力运行的"二元模式"，学术争议所涉及的法律关系可以概
括为行政法律关系和民事法律关系的竞合，该竞合法律关系就是一种非
典型的法律关系。就学术行为的特定性而言，学术争议所涉及的社会关系
完全属于教育法律和民事法律的调整竞合范围，解决目的是促进学术的交
流与对话，保障学术平等与自由，形成统一的学术衡量标准和评价机制，
促进智力成果的产生，服务与发展社会经济和科技进步。学术争议就其内
外部结构性特征来看具有双重性，一是内部性特征，如学术交流与学术探
讨引起的纠纷在内部是一致的；二是差异性，其体现在外部性特征上，是
指学术批评和对学术错误的批判跳出了知识和理论本身，可能在外衍生新

---

① 以民事纠纷为例，民事纠纷有着自己的特点，如纠纷主体的平等性，就是说民事权利义务
关系的主体法律地位平等，不存在管理和命令等关系，在解决机制上的地位也是平等的。

的法律关系和内容。①三是学术争议的救济途径和救济方式的特殊性，对于传统的司法救济有一定的限制和审慎要求，与普遍意义上的司法救济不同。②四是救济的法律适用不同于一般纠纷的法律适用，学术争议适用的是学术内部标准，首先要维护学术的自由和神圣，其次才是学术纠纷解决的公平性和公正性。③五是学术争议不产生衍生意义上的权利纠纷，学术评判和评价活动不涉及人格荣誉意义上的法益问题，是纯粹意义上的学术活动和观点的表达。④

总之，在新的历史时代，结合"互联网+"，通过高科技与传统融合发展，在中华民族伟大复兴的过程中，发挥教育的功能，更好地服务现代化建设。

---

① 2006年5月30日，天津市河西区人民法院的一项判决引起学术界的一片哗然，数百名知名学者联名反对法院判决。据报载，天津市语言学会得到举报：天津市外国语学院文化学院某副教授为申请教授，在其出版的一本署名为他本人"著"的论文集中严重抄袭，情节罕见。语言学会经查证，认为举报属实。据此，天津市语言学会常务理事全体会议一致通过有关谴责该教师剽窃的决议，并以"致天津市有关领导和天津外国语学院公开信"的形式，发表在学术批评网上。该教师以名誉权受到侵害为由诉至法院，一审法院判决语言学会败诉并赔偿该教师精神损失费1 000元。

② 学术纠纷的救济权利包含中实体权利和程序权利，但是诉权和诉讼不是必然的对应关系。诉是法律意义上的请求，也就是司法解决纠纷的请求或者司法保护的请求，是诉权后续延伸和外在表现形式，是抽象诉权的具体化。在我国的民事诉讼法学界，通识性观点认为诉是一种请求，也就是"请求说"；还有一种就是"制度说"，认为诉是一种制度等。

③ 在西方法哲学家的视野中，法就是公正和秩序，无论是新自然法学派、分析实证方法学派还是社会法学派都从自己的学术主张阐释正义的含义，如正义论代表人物之一的英国学者威廉·葛德文认为，正义就是"一视同仁"。之后的德国法学家拉德勃鲁赫在其代表作《法律哲学》中认为，正义只是规定了形式而没有规定具体的内容，在社会不同的规范中又有不同的要求。学术争议的正义性要求，要符合不同的规范，才能更好地体现法律的正义价值，才能维护学术尊严和自由的正义。

④ 在2001～2004年的甘肃"遗诗考案"中，一位历史人物的后代对一本学术著作中有关其前辈的评价不满而诉至法院。2002年1月，一审法院审理认为，学术权利是公民的合法权利受法律保护，被告在学术问题上的失实和不当，属于正常的学术研究，有待学术界的争议和指正，不构成名誉侵权，驳回原告的诉讼请求。2002年7月，该案上诉后，二审法院认为，被告在其《遗诗考》一书中对有关问题的描述与事实不符并进行了传播，造成相关人社会评价的降低，其行为构成侵害他人名誉。二审判决后，被告不服，向甘肃省人民检察院提出申诉。同时，二审法院的判决引起了当地学术界的巨大震动，引发了一场关于"法律干预学术问题"的热烈讨论。法院重审后维持一审判决，肯定学术失当不构成名誉侵权。法院终审判决："学术争议不构成名誉侵权。"

第三章

"互联网+"背景下学术争议的类型化

依据诉权"私法说"和"公法说",学术争议都具有诉权的主客观构成要件,如果当事人依据仲裁协议,就具有可仲裁性。为了克服仲裁范围立法模式上的缺陷,在坚持法律争讼性原则,司法应谨慎介入技术领域以及技术事项例外原则的前提条件,依据萨维尼法律关系理论,结合学术争议的表现形式,应首先实现学术争议的类型化建设,在目前世界信息化和产业化快速发展的今天,中国高校"双一流"建设的过程中具有重要的意义。

第一节　学术争议的类型化理论基础

一、萨维尼法律关系理论及学术争议范围

既然学术争议是可仲裁的，且具有诉权项下的构成要件，在立法过程中就要涉及范围，如《仲裁法》第三条就采取了"列举+否定"模式确定了仲裁范围，但是从语意上讲该列举是无穷尽的，产生了不必要的司法解释或者法律文件。[①] 学术争议的仲裁范围是一个国家法治文明和实现程度的重要标尺，既要审慎又不能不切合实际地任意扩张，因为"司法的权威并非与司法权的范围成正比。相反司法管辖的不当扩张可能恰恰是导致司法权威下降的原因之一。因为权利延伸向社会生活的每一个触角都可能面临来自社会生活的挑战，再假如没有足够的强制手段和其他国家机构的支持，司法只能在腹背受敌的情况下面临四面楚歌的境地。"从以往我国民事诉讼法的立法实践来看，范围的界定模糊，立法粗糙，出现了许多问题。如法律管辖的范围被任意扩大或者缩小，曲解了法律原则，或者僵化地执行严格的法定主义，甚至滥用司法权力等。因此，为了从学理上分析研究学术争议的范围，结合法律调整的法律关系，依据萨维尼法律关系理论，采取了范围上位概念——法律类型，结合学术争议的表现形式，研究学术争议的类型化，并通过比较相关概念，分析探讨类型化的学理意义。

---

① 我国的基本法律实施过程中，必然有司法解释，如《合同法》和《公司法》等就有大量的司法解释，导致司法实践复杂。

二、学术争议类型化应遵循的原则和标准

学术争议类型化应结合司法权的本质属性，坚持案件性原则，即"法律上的争讼性原则"，法律是解决纠纷的，但是不能解决所有的纠纷，只有按照法律的预先规定，符合法律规定的范围才能解决；其次是司法介入应坚持技术事项例外原则，学术是技术的范畴，应当用尽团体、组织内部的救济原则，尽量通过内部救济来解决，只有穷尽了内部解决争议的渠道，司法机关才能负担解决争议最终的责任，从而切实维护当事人的合法权益。该原则是解决学术纠纷的基本原则之一，既反映出社团要求，又反映出社团自治和国家干预相结合，体现法律对于当事人权利的保护。坚持上述原则就是保障当事人接近司法救济的原则标准，兼顾公平和效率，同时以实体法依据为主，平衡正义观念为辅，维护当事人的主体地位平等，保证各方权能。上述标准和原则，不仅符合联合国大会《关于司法机关独立的基本原则》中要求的"司法机关对于所有司法性质的问题有管辖权，并应拥有权威就某一提交其裁决的问题按照法律是否属于其权力范围做出决定。"而且是从该意义上讲，建立学术争议的类型化，不仅是必需的，同时也客观现实需要的。因为学术争议的类型化具有重要的意义。①

---

① 以经济合同纠纷为例，如房地产纠纷对于仲裁效率的要求非常高，不仅在于土地的划拨和转让等交易活动有着时效性，同时涉及土地等地产权益的交易，该交易与经营活动受市场变动的影响，如商业环境的瞬息万变，市场变化频繁、快速，时常难以准确预估，如果仲裁周期越长，法律关系的主体和政策变化就越快，不确定性就越高，风险就越大。如果效率低下，仲裁就违背了仲裁的本质要求，出现仲裁目的和期望与仲裁本质特征发生冲突。依据笔者的统计，在仲裁实践中，房地产纠纷裁决涉及当事人的巨大利益，导致后续项目的难以实施，产生后续合同违约等问题，加大了程序和时间成本。类型化能够提高仲裁效率，避免因仲裁周期长导致当事人"赢了官司却输了利润"的社会问题。

第二节 学术争议类型化与英美法系的判例法的辨析

一、学术争议类型化与有关概念辨析

类型化不是判例，但是和判例有一定的联系。以英美法系为例，判例形式是赋予法院创造法律的权力，通过立法权的行使实现法律适应的精准化。梅因等传统的法学家认为，判例类似罗马法中的"法律解答"，是以"拟制"为基础，即在不变化文字的时候，法律被变更了，要保持法律的稳定和严谨，就需要判例。我国不是判例法国家，但是从判例产生的过程和内容上看，特别是从裁决过程上看，也有类似之处。也就是说判例产生于裁决过程中，与法律原则有密切的联系，即使判决理由不明确时，裁判者在运用法律规则和法律原则的时候，主要依靠经验规则和有关判例，使判决更具合理性。即认为当法律事实推演的事实和法律规定推演的事实有冲突的时候才开始适用，该规定没有剥夺裁判者的权利；同时也使法律适用得到了补充和完善。总之，涉及专业性质和技术内容的学术争议仲裁，应当实行裁决类型化。

二、学术争议类型化的理论基础和构建

类型化是法学学术研究领域和司法实践领域中的一个重要现象，表现

为法律事实的类型化和司法实践的类型化等多个方面[①]，在学术争议仲裁过程中，仲裁范围实际上就是通过法律关系将学术争议的范围类型化的。类型化的益处是不言而喻的。[②]

法律关系概念的出处已经难以考据，但是首次在理论上系统使用法律关系的是德国法学家萨维尼。他系统研究了整个现代法律体系，特别是民法体系的基本性概念。他将法律关系定义为法律规定的人与人的关系，即一种法律上的规范联系，这一经典描述成为法律关系定义的起点，揭示了法律关系的重要特征，被后世学者和司法所接受。依据萨维尼关于法律关系的解释，法律关系的本质就是划分个人的意思所能独立支配的范围和权利，权利构成了法律关系的事实要素。因此，依据萨维尼法律关系本质的经典解释，法律关系就是权利。法律关系的分类十分复杂，根据法律关系的性质分类方案，可以分为人身权关系和财产权关系；依据司法程序可以分为行政法律关系、民事法律关系和刑事法律关系等类型。因此为了研究方便，本文采取综合分类法，运用法律关系作为工具研究学术争议涉及的法律关系，确定学术争议的类型，进一步实现学术争议范围的准确界定。

依据萨维尼法律关系工具性的解释，规定或者赋予法律效果是法律调整对象的基本手段，因此法律将法律关系确定为法律效果内容的中心概念，就是把以追求权利的法律关系确立为法律工具，使法律关系有了方法论上的意义和方法。依据法律关系工具性理论，每个人都有权利去做或者

---

① 最高院在2011年出台了专门的司法解释，使法律关系类型化以指导司法实践，其目的是类型化有着传统的哲学、文化上的要求；另一目的是类型化便于审判案件，如立案件审判，同时便于司法运行和社会接受判决。

② 注重对当事人程序利益的保护，在我国传统司法实践中不十分重视保护当事人程序利益的前提下，实现类型化处理案件，不仅符合现代司法改革的价值意向，同时也有助于改变目前的仲裁司法和边缘化倾向，使社会出现良好的程序公正价值趋向。如部分学者倡导"程序利益保护说"，认为从当事人的立场上来看，"程序利益"甚至比系争的实体法上的地位或利益更重要，要予以优先、平衡追求。

不做一件事情，在不同的法律体系里，如民法体系中，只要是不违反法律的禁止性规定就可以；同时对于法律关系的相对人而言，不仅不能违反法律上的禁止性规定，而且还必须尊重法律关系权利的存在。依据上述原理，法律关系的本质决定了人与人的关系，一方主体享有权利，一旦该权利自由决定，另一方相对人就有义务必须服从，反之亦然，这就是法律关系的本质的另一种相对性解释。马克思也特别重视法律关系相对性解释，他认为"没有无义务的权利，也没有无权利的义务"。其次，法律关系的工具性的另一个重要意义是使法律的实现技术和手段获得了可能，简化了内部处理方式。

从学术发展历史来看，无论是早期创造的经院哲学，还是现代的大学制度；无论是作为古老雅典之城市墙壁之外的一个圣所——学术界，还是包括了算术、几何、音乐和天文的博雅艺术；无论是学术管理还是学术活动，都会产生争议。学术争议作为社会纠纷的一种，多数情况下是因为违反了约定俗成的学术规范而引起的。就学术行为的特质而言，学术争议所涉及的社会关系完全属于民事法律的调整范围。

依据现代民法理论，学术争议本质上是源于权利，权利是私法的核心概念。"权利"概念起源于古罗马法，拉丁文为"jus"，是公平正义的意思，也是法律的意思。我国法律上的"权利"强调具有独立性的自主平等关系，有着独特的文化内涵。本研究在构建学术争议类型化体系的过程中坚持学术权利说[①]，从法律关系的构造出发，从主体、内容和客体角度建设类型化体系。首先是主体类型，按照萨维尼法律关系工具性解释，法律权利的主体类型和法律关系的主体类型在外延上是重合的，按照

---

① 关于权利理论主要有以下四种不同的学说。一是主观说，由德国法学家温特夏德（Windscheid）提出的，认为权利本质是意思自由；二是客观说，又称利益说，是德国法学家耶林（Jherting）提出来的，该学说认为权利是法律保护的利益，认为权利是由"特定利益"和"法律上的力"决定的；三是法力说，该学说是由德国法学家梅克尔（Merkel）提出的；第四是框架概念说，由德国的法学家拉伦茨提出的，他认为权利是一个框架概念。

我国目前的法律规定，主体分为法人、自然人和其他组织。因此在学术争议类型化建设过程中将学术争议的主体类型分为法人型、自然人型和其他组织型，如表3-1所示。如果主体发生冲突，如一科研项目是法人主持，但是自然人作为职务工作承担项目中发生的学术争议，本体系按照萨维尼法律关系权利内容归类，归上位权类型。其次是权利和义务的内容类型，也就是萨维尼法律关系内容类型。受到权利分类标准的影响，权利的分类是不同的，如按照民事权利内容分有不同的分类方案，可以分为人格权、财产权、知识产权和社员权；按照权利的作用可以分为支配权、请求权、抗辩权和形成权等。因此本类型体系的构建应按照权利内容的基本权设划分。由于学术争议涉及科研者和科研管理者的义务，按照基本法律原则，要求诚实信用和遵守法律规定，因此学术争议的内容类型又分为其他类型，如学术不端型等类型，如表3-2所示。最后是客体类型。从法律关系的客体和权利客体演变过程可以看出，权利标的理论演变经过了三个不同的阶段：一是身份法权利发展阶段；二是法人制度发展阶段；三是权利标的扩张阶段。因此传统的权利客体可以概括为身份、行为、物、知识产权以及网络权益。

基于上述分析，本研究从法律关系的法权角度拟构建如下学术争议类型体系，如表3-1所示。在实践中可以按照类型系统组合，如法人在网络环境科研过程中产生了虚拟利益的争议，涉及学术问题时，该争议类型可以概述为法人知识产权网络虚拟型学术争议，以代码A1B3C5代替。

表3-1 学术争议类型化一览表

学术争议类型	学术争议类型	实践案例
学术争议主体类型A	法人型A1 其他组织型A2 自然人型A3	由于法律现象的生动性，案件有不同的表现形式和内容
学术争议内容型B	人格权型B1 财产权型B2 知识产权型B3 社员权型B4	由于法律现象的生动性，案件有不同的表现形式和内容，在内容上有交叉和冲突
学术客体型C	身份型C1 行为型C2 物型C3 知识产权型C4 网络虚拟型C5 其他型C6	由于法律现象的生动性，案件有不同的表现形式和内容；随着社会发展和科技进步，新的形式成为客体类型

（资料来源：依据法律规定和法律理论内容综合整理）

　　从学术争议涉及的法律关系角度来看，依据萨维尼法律关系，如学术争议涉及教育行政关系和民事关系，可以简称"法律关系型"为"关系型"；学术争议按照行为属性可分为学术管理行为争议和学术交流行为争议，表现为学术管理引起的争议、学术探讨引起的争议、学术批评引起的争议、对学术错误的批判引起的争议和学术不端行为引起的争议等五种形式，可以定义为"行为型"；学术探讨可能引起的良性学术争议和学术不端行为所产生的争议，可以定义为"端庄型"。如表3-2所示。

表3-2　学术纠纷概述类型化一览表

序号	类型化	类型化依据	仲裁救济机制
1	关系型：行政关系和民事关系	法律关系	可以
2	行为型：管理行为和交流行为	管理要素	可以
3	端庄型：端庄行为和不端行为	行为优劣	可以

（资料来源：结合萨维尼（Savigny，1779—1861）法律关系理论和纠纷表象形式综合整理。）

综合上述分析可以发现，学术争议有着自己的特点，具有可仲裁性，依据萨维尼法律关系理论，界定学术争议的范围首先要按照一定的标准使学术争议类型化。

第四章
学术争议的表现之学术期刊"同源稿"

——以马克思主义科学技术观为视角

　　马克思主义科学技术观是对科技的本质、结构功能、运动机制和发展规律的辩证唯物主义本体论和认识论，是用严谨的探索和论证方法进行的高级社会实践活动，是求实创新的思维模式和行为模式，是对科技发展历史、发展规模、发展方向的高度概括。然而目前学术期刊中的"同源稿"在一定程度上违反了马克思主义科学技术观的理论要求，违反了辩证唯物主义物质存在性原理，否认了科技的本质属性和特征，不利于科学创新和继承；也不能有效地应对RCEP协议对于我国科技界的挑战，危害科技进步和创新，不利于经济社会发展。因此，应当借鉴著名学术期刊的有益经验，提升刊物的国际化程度和开放性，注重品牌效益优先，坚持以人为本的办刊理念，规范学术期刊管理，加大学术期刊的监察监督力度，实现依法治刊；借鉴国际著名刊物的品牌效应，建立第三方学术期刊制度；建立学术争议救济制度，实现多元化纠纷解决机制，科学厘定学术争议和一般社会纠纷，实现科技进步。

第一节　学术争议之表现：学术期刊"同源稿"概述

一、引言：一起退稿学术争议引出的话题

最近一起学术争议引发了外界的关注。2020年5月21日，C作者将享有完全知识产权的作品按照学术规范投到某一刊物，该作品具有积极意义和学术前瞻性，文章通过借鉴我国传统名优产品知识产权保护经验，在充分比较国际条约关于地理标志的概念演变历史的基础上，在WTO的TRIPS协议下检视我国农业产业如何在乡村振兴过程中实现农产品地理标志保护，既要借鉴我国传统保护的经验，同时要符合WTO的TRIPS协议和我国的入世承诺。上述文章不仅具有较高的学术水准，同时符合加强知识产权保护、尊重和保护创新的要求，在国际化背景下保持话语权，作品有较强的前瞻性和专业性。期间经过六次修改，10月18日，编辑部发录用通知，承诺于近期发表（编辑部按照出版规范和要求在2021年第一期排了出版清样）；同时按照编辑部的要求，C作者转让了有关著作权。（实际上，上述转让协议或者承诺是没有法律依据的，是典型的格式合同）依据《合同法》和《著作权法》的有关规定，作者与学校之间建立了债权关系，形成了合

同，应严格履行。但是10月20日，编辑部发电子文书，说作品没有达到刊发要求，要求C作者自行处理。上述学术争议，无论是在出版界还是学术界，无论是在高校还是研究机构都十分普遍。但是从法律的角度和马克思主义科学技术观的角度都值得探讨。在经济全球化的今天，如何实现文化自信，繁荣文化产业和文化事业，实现加强知识产权保护、保护创新的发展新要求，服务经济社会高质量发展。基于此，本研究运用实证法和定义法，结合马克思主义科学技术观的精髓，分析目前困扰学术研究的困惑之一——学术刊物"同源稿"现象，并结合国际著名期刊的办刊经验和借鉴，分析其危害，提出法律规制措施，进一步繁荣文化产业和文化事业。

二、学术期刊"同源稿"的概念、表现类型

学术期刊作为科学技术的载体，在经济全球化的今天，成为各国科技、经济和文化竞争的重要阵地，也是经济社会发展的重要源泉。依据权威统计，我国作为"发文大国"，科技论文产出数量超过欧洲总和。但是前期的撤稿事件，再次说明我国科技论文的诚信问题。[①]我国目前的学术期刊或多或少存在着"同源稿"现象。在一定程度上，"同源稿"假借学术和科学技术的外壳，更有隐蔽性和复杂性。

（一）学术期刊"同源稿"的概念

"同源"原本是生物学概念，即两个结构由一个共同的祖先演化或者

---

① 我国科技论文被国际著名期刊大规模撤销稿件，严重损害我国科技声誉，对此科学界强烈反思。反思的起因起源于世界著名出版机构施普林格·自然出版集团在今年4月发表了一篇撤稿声明，宣布撤回107篇发表在期刊《肿瘤生物学》（该期刊曾是施普林格出版集团旗下期刊）上的论文，而这107篇医学论文的主要作者均来自中国。此次大规模撤稿事件，在学术界引起不小震动。无独有偶，从2016年5月2日，河北科技大学的韩春雨团队在国际知名科技期*Nature Biotechnology*（《自然—生物技术》）（以下均称《自然—生物技术》）发文"DNA—Guided Genome Editing Using the Natronobacterium Gregoryi Argonaute"，到2017年8月7日《自然—生物技术》发表题为*Time for the Data to Speak*（《是该数据说话的时候了》）的社论，正式宣布撤稿，经过了不足两年时间，韩春雨团队经过了一个学术乌龙的过程——从一开始被宣传为"诺奖级"的成果，到韩所在高校发布了"主观没有故意"的调查报告，韩所在的高校也倍受质疑。

是由同一组织体系发育而来的。从生物学上讲，同源分为直系同源与旁系同源；同源与相似有一定的联系，但是本质上是不同的。为此，本研究借助上述生物学概念，依据法学中关于概念的定义，定义学术期刊的"同源稿"。所谓学术期刊"同源稿"就是学术期刊刊发的文章，从文稿起源上与学术期刊有一定的联系或者渊源，或者作者与刊物有一定的关系，或者刊发的文章与刊物的办刊宗旨有一定的联系，但是不符合严格的学术期刊要求刊载的文章。虽然本研究采取类型定义法不足以包含全部类型，概念的外延并不十分严谨，但是从目前学术期刊的"同源稿"的类型上看，上述定义有一定的科学性和客观性。

2010年1月，耿凤娟女士发表的学术文章《乌鲁木齐地区都市类报纸同源稿件新闻标题的比较》，分析了不同晚报之间作者稿件的同源性问题，文中的定义从上述概念来看，属于第一种类型。实际上，在对民国时期报刊的文章来源的研究中，已经就此开展了研究。①依据本文的定义，上述新闻"同源稿"属于上述概念的第一种类型。由此可以看出，上述定义有一定的科学性和合理性，能够概述和涵盖本文研究对象的本质特征。

（二）学术期刊"同源稿"的表现类型和微型调研

目前，关于学术期刊"同源稿"的表现十分复杂且隐蔽。对此，基于上述概念，本研究随机分析了作者关注的某一专业刊物的最新一期的刊文。从概念和类型化的角度，研究了其刊物的"同源稿"现象。②该期刊

---

① 有的学者就20世纪著名刊物的稿件来源进行系统研究，提出了有关观点，为以后的新闻报道奠定了基础。如《申报》和《大公报》分别处于民国时期中国新闻事业的两大中心区域，在中国近代新闻史上具有重要的作用与地位。两报曾分别对1932、1936、1948年夏季奥运会进行了客观报道，是当时参与奥运新闻报道的主要媒体代表，为中国奥运新闻传播的初始阶段做出了一定贡献。

② 类型化是法学学术研究领域和司法实践领域中的一个重要现象，表现为法律事实的类型化和司法实践的类型化等多个方面，类型化的益处是不言而喻的。类型化不是判例，但是和判例有一定的联系。以英美法系为例证，判例形式是赋予法院主要是上级法院创造法律的权力，通过立法权的行使实现法律适应的精细化。类型化过程实际上是将概念的本质特征，按照一定的标准分类。因此，类型化实际上是划分概念的范围和界限。对此，法学家通常将权利类型化，便于识别和保护。

物刊载了12篇文章，依据国家学科门类标准，该刊物属于二级学科方向的三种学科方向之一。对此，本研究从作者渊源、刊文内容和学术观点方面进行系统分析，并结合上述概念类型化，见表4-1。

表4-1　某刊物最新一期刊文"同源稿"类型化一览表

文章序号	类型1：作者类型型		类型2：作者联系型		类型3：文章学科范围型	
	L1-1	L1-2	L2-1	L2-2	L3-1	L3-2
1		Y	Y			Y
2			Y		Y	
3			Y		Y	
4		Y		Y		Y
5		Y	Y			
6	Y		Y			
7		Y		Y		
8		Y		Y		Y
9			Y			Y
10		Y		Y		Y
11			Y			Y
12				Y		Y
结论	从调研统计来看，作者同源类型占比高达50%，部分学生作者在同一刊物连续发表，表现出同源性的延续性。第二作者类型，从逻辑关系上讲是矛盾关系，从统计来看，最终专业学历不是二级学科的占46%。从学科的角度讲，文章的同源性是存在的，也就是说不是本专业的学科学术论文。第三类型同源性上占比近40%，也就是说在专业前瞻性或者论文是否是二级专业内容，近半符合本书第三类型同源性的定义。					

说明：为研究方便，本书结合上述概念，从类型化角度界定了类型标准，并分类了亚类型。类型1标准：作者和刊物的关系（1-1：上下级关系；1-2：同源关系）；类型2标准：作者是否是该二级学科的专业作者（2-1：是；2-2：不是）；类型3标准：（3-1：专业论文内容是否属于本专业门类的二级学科方向，3-2：研究内容是否属于刊物隶属二级学科方向的学术热点或者学术前沿内容或者重复发表，上述前瞻性判定采取专家判别式）。

上述微型调研中，调研总样本是12份，分三大类指标，涉及72项分项指标，在后续的调研中，笔者添加了作者最后学历和发文动机的调研，调研结论符合预期。结合本文的学术期刊"同源稿"的概念，学术期刊"同源稿"有三大类型。

（1）作者类型型。作者类型型"同源稿"表现为作者与刊物有一定的联系，可能是单位内部人员或者关系单位人员存在着某种关系。从该类型的文章质量上看，有的文章显然是"专稿"或者是"内部稿"，有明显的约稿成分或者是照顾成分，如本次调查的第一文就是"专稿"；从作者类型上看是作者同源关系型，且文章十分简短，一年前已经在系统刊物上发表了，题目完全一致。重版并非禁止事项，但是从学术期刊推介前沿信息和服务经济社会发展的角度上讲，存在着浪费学术资源的嫌疑。也许杂志社有难言的苦衷，想借此提升刊物知名度，但从某种意义上讲，背离了学术期刊的办刊宗旨，不能肩负介绍学术先进理念和培养人才重担。

（2）作者联系型。该类型与学术期刊有着密切的关系，表现为学术的"山头主义"，就是在某一专业领域，发表的文章多是与之关系密切联系的单位，外部单位或者其他单位很少能够上刊，这就是学术垄断现象，忽视了学术生态，认为水平高的单位或者大单位，自然就是专业水平高。依据作者联系单位的情况统计分析，12份样本中有强势单位占比较高，但是作者都是需要"学术产品"毕业的博士学生，这就导致博士生发文毕业成为当前高等教育的众矢之的。本研究认为，从高等教育的发展要求来看，提升培养质量严格把关没有过错，错在将发文作为毕业条件违背了学术规律和科学规律。博士生成长需要一个过程，特别是自然科学学科，要求发文"成果化"是典型的功利主义的倾向。

学术期刊"同源稿"的类型化是多样的，这不仅违反了马克思主义科学观，而且不利于意识形态安全，不能有效支撑科技发展，实现2035年发展远景，从而丧失发展战略机遇。

第二节　学术期刊"同源稿"的危害及国际规制借鉴

一、学术期刊"同源稿"的危害——以马克思科学技术观为视角

学术期刊"同源稿"的危害首先是违背了马克思科学技术观，丧失了科学技术的本质特征，不利于科技继承与创新。

（一）马克思主义科学技术观概述

马克思主义科学技术观是对科学和技术的本质、结构功能、运动机制和发展规律的辩证唯物主义本体论和认识论，它构成了一个时代人类科学意识的核心理念；是从辩证唯物主义和历史唯物主义出发，关于科学技术思想及其发展规律的概括和总结，是历史的产物，与当时的社会条件、思想理论背景和科技发展密切联系。

（1）马克思主义科学技术观的本质和特征。马克思主义科学技术观是在批判继承德国古典哲学的唯物主义和辩证法基础上发展起来的，与科技历史有着重要的思想渊源。马克思主义科学技术观认为，科学在本质上体现了人对于自然界的理论关系，是一般生产力，是推动经济社会发展的革命力量，是在人类探索自然实践活动基础上的理论化、系统化的知识体系，其任务是发现事实和揭示客观的规律性，是人类文化中的最基本的组成部分，具有客观性和创造性等特点。技术在本质上体现了人对于自然界的理论关系和实践关系，具有社会性和物质性的特征。

（2）马克思主义科学技术观关于科学技术的社会职能和发展动力。马克思主义科学技术观认为科学技术是生产力，是以知识形态为特征的一般社会生产力，使社会经济结构和生产关系发生全面变革，其发展模式表现为渐进性和飞跃性，在总体趋势上表现为继承与创新的统一，是内外动力共同作用的结果，其动力来源是社会需求，技术内部发展不均衡和科技进步等多种因素的共同作用。

（3）马克思主义科学技术结构性理论和学科划分理论。马克思主义科学技术观认为，科学是用严谨的探索和论证方法进行的高级社会实践活动，是求实创新的思维模式和行为模式，是关于人类科学活动及其结果的总观点，是对科学发展历史、科学发展规模、科学发展方向的高度概括和抽象；[①]在人类科学历史上，必须建立科学结构观作为人类社会科学活动的指导思想。马克思主义科学技术观认为，只有辩证唯物主义才是现代科学的唯一正确的指导思想和研究方法，要与旧的科学观划清界限的本质界限；在对待科学结构问题上，一定要从总的科学结构观中，强调科学分类科学体系的重要意义。关于客观世界的划分和相关学科划分标准，马克思主义科学技术观认为哲学是重要的科学体系，无论是自然科学还是社会科学，其基础是辩证唯物主义哲学观和真理观，只有坚持辩证唯物主义哲学观和真理观，才能改变世界的局限性和有限性，适用未来社会科学、技术和社会的一体化发展趋势，产生新的生产力。

通过上述分析就可以发现，无论是作者类型型、作者联系型，还是学科范围型的学术期刊的"同源稿"，都在一定程度上违反了马克思主义科学技术观的理论要求。见表4-2。

---

① 王凤祥，安维复.《贝尔纳主义：马克思主义科学观的一种理论创新》载于《科学学研究》，2014年10月。

表4-2　不同类型的学术期刊的"同源稿"违反马克思主义科学技术观一览表

"同源稿"类型	科学本质和特征	技术本质和特征
作者类型型	违背了辩证唯物主义物质存在性原理，认为作者与学术刊物有上下级关系或者同源关系就有先进性或者探索性，否认科学的本质属性和特征，不利于科学创新和继承	违背了辩证唯物主义物质性原理，认为作者与学术刊物有上下级关系或者同源关系就有技术有先进性，否认技术的本质属性和特征，不利于技术进步、创新，违反了技术发展的内在规律性
作者联系型	违背了辩证唯物主义物质存在性原理，认为作者与学术刊物有一定联系，就认为科学有先进性或者探索性，否认科学的本质属性和特征，不利于科学创新和继承	违背了辩证唯物主义物质存在性原理，认为作者与学术刊物有一定联系，认为技术有社会性或者自然性，否认了技术的本质属性和特征，不利于科学创新和继承
文章学科范围型	违背了马克思主义科学技术结构性理论和学科划分理论，混淆了不同学科的界限，违背了科学本质属性	违背了马克思主义科学技术结构性理论和学科划分理论，混淆了不同学科的界限，违背了科学本质属性
结论	总之，上述"同源稿"违反了马克思主义科学技术观的哲学理论，否认了科学技术的本质特征，违反了科学结构性理论；同时不利于科学技术的社会进步	

（二）不能有效应对RCEP协议对于我国科技和高教挑战

中、日、韩、澳等15国正式签署区域全面经济伙伴关系协定（Regional Comprehensive Economic Partnership，RCEP），这是特殊的历史条件下诞生的重要区域性自由贸易协议，与我国20年前加入的WTO有着相似的重要性，必将对区域自由贸易、经济发展、我国科教和高等教育产生重要影响。依据规定，RCEP协议在货物、服务、投资、原产地规则、海关程序与贸易便利化、卫生与植物卫生措施、技术法规与合格评定程序、贸易救济、金融、电信、知识产权、电子商务、法律机制、政府采购等领域有着严格的规定，该领域与传统的科教和高等教育专业有着密切的联系。但是学术期刊的"同源稿",首先是违背科学结构性理论,使科学技术研究存在着明显的功利性冲突,表现为一定程度上的学术功利性,甚至是学术腐败,导致学术论文不能有效地发挥科技的社会性功能,不能应对RCEP可能对我国高等教育资源产生新的资源筹措和配置上的影响。我国高等教育资源配置不足,作为发展中国家,与发达国家有一定的差距,为此国家实施了"双一流"建设。随着RCEP的实施,在一定程度上缓解了我国高等教育资源的不足,海外教育投资扩大后缓解了我国高等教育资源的困境。其次是在教育人力资源方面,随着服务市场的开放,外国教育人力资源进入我国,这能够促使我国高等教育的现代化。但是也在一定程度上使我国高等教育人力资源出现流失的可能,对于与国际贸易密切相关的专业,如计算机、金融和法律等,其专业人才的培养有重新配置资源的影响,这会引发高等教育专业资源的调整和优化。依据马克思主义科学技术观,现代科学技术体系是在实践基础上产生的,是上升为理性认识的知识体系,分为基础科学、技术科学和工程技术。依据马克思主义科学技术观关于科技进步理论,科技发展是科学的引导和社会需求决定的,是内外动力共同作用的结果,其外部动力是社会生产需求,内部动力是科学水平的提升。如上述刊物中的"同源稿"调查就说明了这一点,使学术期刊刊载的文章或者反映的科学技术没有前瞻性,违背了科学技术发展的模式,同时也不能反映科学技术发展的动力。学术期刊的"同源稿"在一定程度上满足了部分人的需要,但不能有效满足科学技术的需要,具有明显的功利性。

(三)危害科技进步和创新,不利于经济社会发展

学术期刊"同源稿"的危害之三就是危害科技进步,不利于创新,不利于经济社会发展。依据马克思主义科技观,科技是通过实践对于自然和人类的认识和解释,体现了人与自然的关系,马克思主义科技观从人类社会发展的角度,提出了科技对于社会进步的推动力量,认为科技是巨大的杠杆,有明显的社会变革力量,推动了产业革命,使市民社会在经济结构

和社会生产关系中发生了巨大变革。无论是揭示自然现象的自然科学，还是揭示人类社会关于人的科学，科学和技术作为人类社会发展的一般精神成果，在历史上呈现出渐进性和飞跃性的发展态势，表现为内外动力共同作用的结果，出现科技的分化和综合，也就是继承。科学知识正在不断丰富、发展，这使科技成为开放系统，在时间上有一个积累的过程，如发现的科学事实和技术工艺，并在此基础上不断完善，使人类对于社会和自然出现新的飞跃，引起科学发展的变质，成为发展必然，推动创新。据此，学术期刊的"同源稿"不能有效继承和创新，相反在一定程度上混淆了科技进步过程中的新发现，使人类社会的认知出现假象。笔者在上述调查中发现，有好多"同源稿"在学术积累过程中没有延续科技创新的规律，在吸收消化过程中没有全面反映学科前沿，得出的结论也是不全面的和不客观的。依据马克思主义科技观，科技进步的重要动力是科学对于技术的先导作用，科学革命导致技术革命，社会需求、技术目的和科技进步等多种因素共同推动，在此过程中文化对于科技进步也有着明显的张力作用，使先进的思想推动科技进步，使资本快速增加。学术期刊的"同源稿"并没有反映先进的思想，也没有推介科技发展的前沿内容，不利于经济社会发展。

二、规制学术期刊"同源稿"的国际借鉴和措施

2018年9月8日，习近平总书记在全国教育大会上的讲话中提出，要培养社会主义接班人；在今年研究生培养会议上的讲话中，要求建设中国特色的高等教育制度，适用中国特色的社会主义，实现中华民族的伟大复兴。最近的中央政治局集体学习中，要求加强知识产权保护，实现创新，为经济社会高质量发展提供智力支撑，要求尊重科技发展规律，借鉴国际有益经验，为我国经济社会高质量发展奠定基础。从该意义上讲，借鉴国际社会著名刊物办刊经验，对于消除目前我国学术期刊的"同源稿"现象有重要意义。

（一）国际社会著名刊物的办刊物经验

期刊中，创刊于1869年的《自然》（*Nature*）和创刊于1880年的《科学》（*Science*）最为知名，已被公认为世界学术期刊的标杆，引领着世界学术期刊的发展潮流。现代意义上的学术期刊始于17世纪，世界上第一份真正的学术期刊是1665年1月法国人戴·萨罗（Denys de Sallo）在巴黎创办的《学者杂志》。在近现代历史上，国际社会积累了十分丰富的办刊经验，为我国学术期刊，提供了有益借鉴。

（1）刊物的国际化程度高。刊物的国际化程度主要体现在三个方面：作者、审稿专家和读者。以上述微型调查的刊物为例，作者的国际化程度为零，读者也是局限于本专业关注论文发表的群体中，由此可见我国学术性刊物与国际社会的差距。

（2）品牌效益优先。品牌是西方学术期刊最具代表性的文化符号，也是其综合实力的象征。西方学术期刊比较注重对已有品牌的维护和衍生。在品牌延伸方面，《自然》成绩斐然，它积极创办系列子刊，并与英国及国际上一些著名学术团体、学会合作推出一系列出版物，打造了一个学术期刊出版集团（Nature Publishing Group，NPG）。我国科技发展迅速，但是由于种种原因部分刊物的品牌效益低劣，上述刊物是我国一级学科门类的二级学科，刊物的年刊载量为50篇左右，远不能满足科技和高教需要，同时还要照顾内部博士毕业发文。因此，我国现有学术资源十分匮乏；同时我国学术期刊在品牌效益上与国际社会有着较大的差距。

（3）坚持以人为本的办刊物理念。西方学术刊物坚持以读者和作者为本，首先尊重知识产权，其次是以读者为中心，注重文章的可读性，栏目设置力求贴近读者，满足读者的多层次需求。在学术问题上，本着严谨和科学的精神，编辑在作者和读者之间架起沟通桥梁，要求作者以通俗的语言解释各学科的最新突破；要求编辑工作做到即使读者对文章讨论的专业不熟悉，也能看懂文章内容。在栏目设置方面，西方著名学术刊物一般都设有导读性栏目，这类栏目可以帮助科技类学术期刊进入普通读者视野。

例如，《自然》和《科学》为了吸引非专业的普通读者，除了刊登学术论文外，还设置了非学术论文栏目以满足他们的需要。然而我国部分学术刊物在这一点上就做得十分欠缺，并没有把作者放在应有的位置。如本章开始所述的案件，已经正式签订了出版合同，却公然违约，以所谓的学术问题混淆法律问题，在科技创新和依法治国的今天，相对于国际刊物，国内某些学术期刊应该彻底反省。当然国际社会著名刊物的经验还有许多，由于篇幅的原因，在此不一一列举。

（二）我国科技面临的新的形势——以RCEP协议为例证

客观地讲，学术期刊的"同源稿"现象作为我国科技发展和创新的缩影，在一定程度上反映出我国的科技现状与RCEP协议时代的要求有着巨大差距。依据马克思主义关于科学技术观发展理论，科学进步是技术发展的重要推动力，从科技进步的历史来看，技术发展对于科学进步的依靠程度越来越高；社会需求与技术发展水平之间的矛盾以及社会需求是科技发展的基本动力。目前我国已经进入了RCEP[①]时代，无论是科技还是高等教

---

① RCEP，是2012年由东盟发起的，由东盟10国、中国、日本、韩国、印度、澳大利亚和新西兰共16方而制定的协定。经过多次领导人会议和部长级会议，近30轮正式谈判，在2018年4月28日～5月8日新加坡谈判中取得了实质性进展，在货物、服务、投资、原产地规则、海关程序与贸易便利化、卫生与植物卫生措施、技术法规与合格评定程序、贸易救济、金融、电信、知识产权、电子商务、法律机制、政府采购等领域都并行举行了工作组会议。之后2017年11月首次RCEP领导人会议在东京举行，谈判取得了显著性成果，为RCEP的最终签订奠定了重要基础，成员国一致同意，将按照《RCEP谈判指导原则》，齐心协力，务实突破，推动尽早结束谈判。在谈判进程中，中国发挥了建设性作用，2019年7月22～31日，RCEP第27轮谈判在河南郑州举行。东盟10国、中国、日本、韩国、澳大利亚、新西兰和印度等16方约700名代表参加谈判。举行了货物贸易、服务贸易、投资、原产地规则、贸易救济、知识产权、电子商务、法律与机制等相关工作组会议。2019年11月4日，第三次"区域全面经济伙伴关系协定"领导人会议在泰国曼谷闭幕。会后RCEP领导人发布了联合声明，声明表示，RCEP16个国家中有15个国家已经完成了所有20个章节以及几乎所有市场准入制度的文本谈判，下一步将进行法律审查以让该协议在2020年正式签署。2020年11月15日，第四次区域全面经济伙伴关系协定领导人会议以视频形式举行，期间成员国正式签订该协议，标志着全球规模最大的自由贸易协定正式达成。RCEP协议是地区国家以实际行动维护多边贸易体制、建设开放型世界经济的重要一步，对深化区域经济一体化、稳定全球经济具有标志性意义，对于区域经济发展和贸易自由化、教育科技等诸多方面将产生深远的影响。

育理想和观念产生巨大需求。如同加入WTO一样，中国等15国签订RCEP协议，将对我国科技和高等教育产生影响，形成重要的社会需求，影响我国的科技进步，对于科技发展产生内外部环境需求。对此，笔者以RCEP对于我国高等教育的影响进行深入分析，从科技发展的主体的上寻求支撑，由于文本的限制，在此不展开讨论。①

我国已经进入了一个新的历史时代，但是马克思主义科技观依然是我们的行动指南，并在新的历史时代被继续传承和发展。从历史上看，马克思主义科学技术理论的形成是从18世纪下半叶到19世纪中叶，在资本主义生产方式由自由竞争过渡到垄断阶段，资本主义生产方式第一次使自然科学为直接的生产过程服务，社会需求使科学获得了重要的物质性使命，完成了多学科的分工和巨大科技发现。目前我国处于新的历史时代，以人民为中心的党的执政理念为科学技术的发展提供了巨大的社会现实性需求；但是由于在科学技术的产生发展动因上，忽视了科技的本质和特征，出现了学术期刊的"同源稿"现象，在一定程度上忽视了科学技术的本质属性和特点，忽视了科技继承和创新，导致了我国科技基础研究和创新性的不足，在关键性科技方面受制于人，不能满足RCEP时代的科技和高等教育

---

① 从中国近20年的经验可以看出：高等教育观念的影响。随着经济全球化和贸易自由化的发展，在以服务贸易和知识产权保护为特点的国际经济发展过程中，高等教育作为服务贸易的一种特殊形式，必将具备全球化视野；同时世界对于知识经济过程中的专业人才的需求将更加巨大，创新观点取代我国传统的高教人才观。高等教育理论和教育模式的影响。诚如中国入世，外国先进的教育理念和教育模式影响我国高等教育，以法学为例证，先后出现了"案例式"教学模式和"诊所式"教学模式，RCEP协定的签署，将改变传统的教学模式。如果说中国入世接受了许多西方发达国家的高等教育的理论，虽然有着制度和社会环境的差别，但是RCEP签署国家无论是从政治制度、文化背景和人文精神上看，更有相似性，因此影响将更加深远，对教育理论和教育模式的影响更加明显。高等教育科研的影响。随着RCEP协定的实施，外国先进的科研机构伴随着经济全球化和贸易自由化进入我国，使国外先进的科研能力本土化；我国高校在科研合作和人员交流等方面更加便利，从根本上改变我国高等教育科研相对落后的局面；但同时也必须看到我国因此受到的消极影响，如高等教育科研自主权的削弱和人才的流失等。但是从中国入世近20年的应对经验可以看出，我国在应对RCEP协定对于我国高等教育产生影响的过程中积累了丰厚的经验，完全可以借鉴这些经验。

挑战要求。因此必须结合马克思主义科学技术观的要求，系统规制，实现治理体系和治理能力的现代化和精细化。

总之，马克思主义科学技术观是对科技的本质、结构功能、运动机制和发展规律的辩证唯物主义本体论和认识论，体现了人对于自然界的理论关系，是一般生产力，是推动发展的革命力量，是在人类探索自然实践活动基础上的理论化、系统化的知识体系，其任务是发现事实和揭示客观的规律性，是人类文化中最基本的组成部分，具有客观性和创造性等特点。

第五章

学术争议的表现之高校人文社科科研
指标化的现状、危害和制度重构

　　据萨维尼法权关系理论，在高校人文社科科研过程中存在着两种法律关系，使高校人文社科指标化管理表现为纵向的行政许可指标和横向的考核指标。过分地指标化产生了巨大危害，一定程度上背离了高等教育规律，弱化了基础研究和科研创新，是典型的实用主义哲学观，违反了辩证唯物主义的基本原理，应按照迈克尔·哈默（Michhael·Hammer）的再造理论，从质量管理的角度实现高校人文社科科研科学化管理的制度重构，发挥制度优势，构建高级干部高校巡讲制度，引领政治方向，坚持党对高校的绝对领导，激发创新活力，实现高校人文社科治理现代化和精细化；建议恢复高校授课内容审核制

▶

度，细化教学管理；建设学术争议救济制度，借助现代科技实现学术纠纷解决的仲裁化，激励广大师生和科技工作者，扎实基础研究和学术创新，回归学术本源。

第一节 高校人文社科科研指标化概述

一、概述

2020年5月，习近平总书记代表中共中央给袁隆平、钟南山等25位科技工作者写信，勉励他们勇攀科技高峰，创新研究方法，重视基础研究，为社会做出更大贡献。习近平总书记的讲话在高校广大师生、科技工作者中引起了巨大反响。然而现实生活中高校存在的问题，如"钱学森之问"等问题以及高校在"双一流"建设过程中存在的问题，特别是人文社科科研指标化问题，不仅违背了学术规律，挫伤了科技工作者的科研积极性，而且使高校在一定程度上具有了重商实用主义倾向，远离了学术的神圣和自由，违背了实事求是的哲学规律。本研究结合指标化的表现，通过基层科技工作者教学科研的实际调研，运用迈克尔·哈默（Michhael·Hammer）的再造理论，结合中国特色，提出完善高校人文社科科研的制度重构。

二、高校人文社科科研指标化的表现

我国高校在践行党的教育方针的过程中发挥了主体功能，广大科技工作者勤奋努力，为建设中国特色的社会主义教育事业发挥了重要作用。但是我们必须看到，在目前的高校管理过程中，特别是"双一流"建设过程中，人文社科科研存在着严重的指标化问题。指标原本是衡量目标的参数，预期中打算达到的指数、规格、标准，一般用数据表示。依据萨维尼法律关系理论，也就是法权理论，在高校人文社科科研过程中存在着两种法律关系，即民事法律关系和行政法律关系，从高校人文社科指标化的角度，表现为纵向的行政许可指标和横向考核指标等，使高校人文社科科研指标体系既有成果性指标又有行为性指标，既有考核性指标又有任务性指标。其中，纵向的行政许可性指标中既有申报指标、建设指标又有验收指标等。

（一）高校人文社科纵向许可指标

依据《高等教育法》关于高校的职能定位，高校不仅是事业单位，同时是学术团体，承担着不同层次的人才培养任务，如本科、硕士和博士的人才培养。在不同的培养体系中，依据国务院学位管理的有关规定，我国采取的是学术许可制度，也就是说在招生培养学生之前，必须具有行政许可的资质，在业界称为"学科点申报"。目前学科点申报不仅竞争激烈，而且在办学条件、科研水平等方面有着一系列的科研指标。如最新版的2020年法学硕士点申报人文社科科研指标多达十几项，涉及教师学历比例、人文社科项目的数量和经费以及获得的奖励等；从形式看，既有学术性的指标，又有经济性指标，从一定意义上讲，我国学科点申报已经不是纯粹比较学术水平，某种程度上也比较经济实力。如果说上述纵向指标是前期申报学科点的指标，但是申报成功以后还面临着学科点建设、评估验收等指标和"双一流"建设和验收评估指标，从目前建设评估和验收评估的指标体系看，纵向科研指标更加烦琐，指标体系更加复杂，是我国教学行政管理制度和学术评价制度的综合反映。

（二）以教师为中心的高校人文社科科研指标

在教学科研过程中人的因素是十分重要的，这就是"钱学森之问"的核心所在——为什么"高校只有大楼，没有大师"，所以高校在教学科研过程中注重人力资源管理，通过激发人的潜能完成或者满足各项横向指标。因此，以教师为中心的高校人文社科横向考核指标主要是成果指标，并通过高校的职称聘任来实现。学科点申报、建设和评估要求的指标和"双一流"建设、验收指标，在教学科研管理过程中通过学校职称聘任转化为教师的教学科研指标，主要体现在两个方面：一方面是科研项目指标和经费指标；另一方面是发表学术论文的指标和获得奖励指标。高校利用职称聘任订立民事合同，要求教师在一定时期内必须主持一定数量的科研项目和发表一定数量的论文，否则就不能被聘任或者晋升。对于主持课题的科研指标，以高校人文社科科研为例，目前我国人文社科科研项目主要有两大体系：国家社科基金体系（含教育部人文社科项目和部委项目）和地方社科基金体系。目前，全国大部分高校都将承担国家基金项目的科研指标成为职称聘任的基本条件，并且在不同的聘期内连续承担。笔者依据国家社科基金项目申报的限额制结合国家社科基金的最立项数统计了在不同申报环节和阶段的科研指标，如申报人次和文字工作量。见表5-1。国家各部委还有自己的业务项目，但是数量少，依据最新的《2019年中国教育报告》，我国现有高校教师150万，人文科学学科的教师不到一半。由此可见，对于一般人文社科教师而言，完成国家社科基金项目的指标体系和行业社科基金项目指标的可能性是十分小的，也验证了指标化的不科学性，导致教师丧失了对于科研学术性的热情。

表5-1　高校人文社科科研国家项目申报情况统计一览表

申报层级	国家项目最终立项数（万）[1]	不同层级申报数[2]	申报材料模式AB模式	申报材料字数（亿）	对于不同申报层级人员的申报成功率%（基数20%）	申报者花费的时间（估算为月）
国家社科规划办	0.5[3]	3	AB	9	20	3
各个省社科规划办		9	AB	27	6	2
申报学校		27	AB	81	2	2
申报学校的院系		81	AB	243	0.67	1
结论	国家项目申报已经成为高校人文社科科研的重要标志性指标，为此不同的申报单位和管理单位为了提升该指标采取了不同的管理方式，使项目申报成为重要的学术内容；从申报人次上看，有近100万人次申报，申报的材料字数达200亿，然而申报单位的中项率低于1%，从高校人文社科科研指标管理的角度讲高校人文社科投入99%是没有回报的，也说明在高校设立人文社科项目指标是不科学的					

　　上述项目申报是国家项目的竞争，一旦申报失败，高校人文社科教师又开始申报地方社科基金和地方行业社科项目，便于完成科研指标任务。本研究以山东省地方社科基金体系（含专项）和地方行业社科项目体系为

———————

　　① 我国高校人文社科国家项目主要是国家社科基金项目（又分为年度一般项目、西部项目和青年项目、专项和后期资助项目），2019年年度项目立项数5 129项，2015—2018年最近5年的年均立项数约为5 000项。

　　② 国家社科基金项目实行限额申报，按照申报成功率分配数额到各省社科规划办，然后各省社科规划办一般是按照前一年度的申报数的3倍分配限额到申报单位，申报单位又按照上述比例组织申报，如年度国家申报为3万项，实际组织申报的单位可能申报人次更多。参见作者主持的全国"十三五"教育规划国家一般课题《"互联网+"时代高校学术争议在线仲裁研究》（国家社科基金教育学）（课题标号BIA190196）阶段性成果——《学术争议调研报告》（内部资料）。

　　③ 依据2019年年度项目立项数5 129项，申报数量是近30 000项，申报中项率16%。2015—2018年最近5年的年均中项率低于20%，为统计方便按照20%统计计算。

例证，说明山东高校人文社科项目的申报，见表5-2。

表5-2　山东省高校人文社科科研地方项目申报情况统计一览表

申报层级	地方社科项目最终立项数（万）	不同层级申报数	申报材料模式AB模式	申报材料字数（亿）	对于不同申报层级人员的申报成功率%（基数30%）	申报者花费的时间（估算为月）
省社科规划办	0.1[①]	0.3	AB	1	30	2
申报学校[②]		0.3	AB	1	10	1
申报学校的院系		1	AB	3	3	1
结论	地方项目申报也已经成为高校人文社科科研的重要标志性科研工作，为此不同的申报单位和管理单位为了完成该指标采取了不同的管理方式，使项目申报成为重要的学术内容；从申报人次上看，有近1万人次申报，申报的材料字数上亿，然而申报单位的中项率低于10%（从目前的申报情况看山东省也实行了限额，不仅申报数限额，申报成功数也限额；如作者调研的单位2019年开始组织申报数量为55项，上报数量是15项，最终成功申报2项），从高校人文社科科研指标管理的角度讲高校人文社科投入90%是没有回报的，也说明在高校设立人文社科项目指标是不科学的					

高校人文社科教师在一年的工作中，除了教学科研之外，还要花费大量的时间和精力编写AB模式的申请材料，完成人文社科的科研项目指标。依据笔者的调研统计，普通高级职称人文社科教师在年度工作中编写的科研项目申报材料除在研课题的研究材料、结题材料，还有新上项目的申

---

① 受多种因素的限制，地方社科基金和地方行业社科基金项目数一般为1 000项左右，为统计方便按照1 000项统计。

② 依据山东省社科规划办要求，申报山东省社科基金项目的申报单位有高校、党校和社科学院等单位；为统计方便，本文主要是从高校角度研究有关内容。

报材料以及奖励申报材料。按照目前我国国家社科规划和教育部等课题不能交叉申报的规定，假如一教师没有成功申报国家项目，他需要在本年度同时开始申报其他项目，参见表5-3。

表5-3 高校人文社科教师年度申报项目统计一览表

序号	项目名称	材料模式	字数（单位）	花费时间（月）	相对教学课程花费的时间[①]（时）	研究成果教学关联度[②]
1	国家社科基金	AB	3	3	1~2	0.5
2	省社科规划基金	AB	3	1	0.1~0.5	0.5
3	省社科规划基金专项	AB	3	1	0.1	0.5
4	省教育规划	AB	3	1	0.1	0.5
5	部委课题	AB	3	1	0.1	
结论	从调研统计来看，教师在申报国家社科学基金不成功后，一般都会在原先申报材料AB的基础上花费一定的时间修改和完善，申报下层次的人文项目。但是申报过程中花费的时间相对于课程而言还是很大的，大体等于课程时间，在指标化的过程中影响了教学；从研究内容和申报材料来看一般具有雷同性或者同质性，导致重复申报，缺乏基础研究或者学术创新；从教师申报动机上看就是为了完成科研指标					

人文社科教师在完成社科项目申报指标的过程中，还必须完成一定数量的CSSCI或者SSCI等论文指标，也就是完成第二方面的科研指标。不同课题要求发表论文的指标是不同的，见表5-4。

---

① 相对课程花费的时间是一个比例关系。本研究依据课题调研，如果一个普通教师在一门课程中花费的时间按照上课课时计算，如果一门32课时2个学分的课程基数为1，相对于课题申报而言，在材料收集和申报材料编写过程中花费的时间与课程基数的比例。

② 研究成果教学关联度是指课题研究成果对于教学的贡献，研究类型一般为智库型，除了教育专项与教学有一定的关联，假定为1，其他课题成果与之比值作为成果关联度。

表5-4 不同课题要求完成CSSCI指标体系

序号	项目名称	CSSCI（SSCI）文章数（篇）	研究报告和专著	字数（万）
1	国家社科规划基金	3	2	20
2	省社科规划基金	1	1	5
3	省社科规划基金专项	1	1	5
4	省教育规划	1	1	5
5	部委课题	1	1	5
结论	课题研究过程规定了具体的成果论文指标，导致了CSSCI文章性质的扭曲，也挫伤了人文社科教师的积极性。前期有关部门发文要求不能过度强调CSI论文在科研体系中的作用，建立科学的成果评价体系，但是社会科学CSSCI的异化问题没有被重视			

　　CSSCI本来是国际通用的学术成果先进性标准，可反映科学成果的影响程度以及在论文写作过程中的引用情况；但是由于论文指标的影响，学术资源更加紧张和匮乏。如2019～2020年，CSSCI刊物有568种，按照双月刊发文计算，总刊文量约6万篇，依据上述分析，这个数量不能满足科研项目发文指标要求。主持科研项目的人文社科教师比重相对较少，由此可见CSSCI在中国学界的重要性，出现了论文代写、代发产业黑色链条；有的单位为了使刊物为成CSSCI刊物不惜一切代价，甚至有的单位提出"倾全校之力"成为CSSCI刊物的口号或者内部规定。然而CSSCI仅仅是刊物发文引用的结果，在众多的CSSCI刊物中，有许多是出版社刊物，即使成了CSSCI刊物，从刊物本身的编审人员素质来看，理论水准也没有发生明显的变化，只是刊物的"档次提高了"。可见高校人文科研指标化现象危害巨大。人文教师在完成课题成果、论文成果指标的同时还要完成成果奖励指标，使研究成果获得不同层级的科研奖励荣誉。人文社科奖励和自然科学奖励不同，目前主要是教育部优秀社科成果奖励和省、市社会科学联合会的优秀社科奖励。人文学科的教师在申报过程中，无论是申报材料和申报程序都十分复杂，比如增加了互联网程序和成果公示程序。

综上，高校人文社科科研过度指标化形成了目前高校人文社科的学术生态，各种指标体系在纵向和横向中相互交叉和转化，无论是管理者还是被管理者都忙于完成指标体系，编写有关材料，在一定程度上产生了巨大危害。

第二节 高校人文社科科研指标化的危害

如果说高校人文社科科研指标化是为了量化学术水平，实现科研管理和学科管理的科学性，那么过分指标化将产生巨大危害。

一、高校人文社科科研指标化在一定程度上背离了党的教育方针

党的十九大报告提出，坚决反对一切削弱、歪曲、否定党的领导和我国社会主义制度的言行，坚决维护政治安全，坚定文化自信，推动社会主义文化繁荣，建设中国特色的社会主义的高等教育体系，培养合格的社会主义接班人。总体上看，大多数教育工作者勤奋刻苦，为党的教育事业和中华民族的伟大复兴贡献着自己的智慧，默默无闻地奉献。同时，由于利益多元化和考评机制的僵化指标化的影响，部分教育工作者为了完成指标体系，只求完成教学任务和教学工作量，没有将全部精力奉献给教学事业，授课内容陈旧，不能满足学生对于知识的渴望，甚至出现所谓的"水课""水考"等现象。师者，所以传道授业解惑也，古人尚能认识到教育的重要性，现在为完成指标体系，部分教师的授课内容不能满足党对教育事业的要求，对教育这一神圣使命和教育的极端重要性认识不到位，没有

将教育事业提升到实现中华民族的伟大复兴的高度。

二、违背了高等教育的规律，使高等教育的基础性受到了严重影响

总体上看，我国高等教育具有鲜明的中国特色，教育方向和学科建设符合国家的战略要求，坚持中国特色社会主义道路，拥护党和政府的领导，实行国家统一的教育管理制度，这些都使高等教育的发展取得了巨大成绩，同时也面临着许多挑战，对此教育行政主管部门发文，要求教授必须为本科生上课。但是出现了教学内容陈旧、应付工作等现象，对于教学科研以及学生的健康成长带来了新的困难，急需引起教育行业高度的重视。相反，在中华人民共和国建立初期，并没有人文社科科研指标化问题，广大师生做到了"老中青"传帮带，为"两弹一星"培养了大量的优秀科技人员，奠定了国防教育事业的坚实基础。

三、部分高校的评价体系不完全科学，注重形式，唯论文和项目，不能有效尊重学术权利，挫伤了教学的积极性，在根本上挫伤了主体的主观能动性，使教育缺乏创新和基础性研究

近年来，有些高校在人才评价、职称待遇等方面，过多地强调论文和项目，甚至项目经费的重要性，忽视了教学和授课内容，满足于教学最低化要求，只要不出现教学事故就满足要求，教学质量的高低与评价体系没有关系，高等教育完全靠自觉，未形成高等教育评价的协同创新机制和工作合力。特别是在最近实施的"双一流"战略中，部分高校缺少配套措施，没有完全把教育质量和授课内容纳入考核指标，严重挫伤了教育工作者的积极性。同时，指标化并没有尊重有关主体的权利，仅规定了其义务。由于我国在学术权利体系构建过程中，并没有完善的学术权利体系，如《宪法》规定了公民的学术自由，但是在民法中并没有明文规定公民的学术权利，其他法律如《高等教育法》主要规范和调整教育组织行为和活动。从现代学术和大学教育的意义上讲，学术不仅是义务，更是公民重要的权利和自由。

第六章
学术争议之救济解决证据制度

学术争议解决涉及证据制度，如何使用和确定证据成为关键因素，也是实现学术争议的解决的关键，本章从当事人阐明义务和证明妨碍等方面进行研究。

第一节　学术争议非事证当事人阐明义务

依据萨维尼法律关系的权利学说，法律关系本质上是一种通过法律授权而形成的法权关系，有扩大化的趋向。但是在诉讼构造上，事实认定的妨碍日剧增加，采取传统的证据规则已经不能有效地解决纠纷，逐渐形成了以法官阐明补充辩论主义的不足让法官积极参与诉讼活动的职权探知主义以及之后的以非事证当事人阐明义务为核心内容的主张责任及证明责任的社会民事诉讼原理。该原理要求非事证当事人的阐明义务符合构成要件，因此可以按照五种类型的证明方式，推定适用"裁决不利于过错人"的法律原则。该义务在国际社会民事诉讼法中有一般化义务的趋向。依此检视"韩春雨事件"中高校作为非事证当事人，其阐明义务和它的实际作为之间差别较大，导致学校被广泛质疑。因此，应当结合最高院有关司法解释和成例性经验，结合非事证当事人阐明义务的发展趋势，借鉴国际社会的先进经验，按照"一般证明责任为主，阐明义务为辅；适用不同案件和不同阶段阐明报告义务"的原则构造学术纠纷的多元解决机制。

一、一起案件引出的话题

依据萨维尼（Savigny）的法律关系的经典观点，"韩春雨事件"作为一种法律关系事实或者法律关系现象，能够引起法律关系内容的变化，以此检视韩所在的高校，在该法律事实中有一定的义务，只有履行了相应的义务才能平息社会舆论和满足学术界的期望，才能保证学术的自由、神圣，促进科学的发展，实现文化繁荣，实现党的十九大报告提出的"坚定文化自信，推动社会主义文化繁荣"的要求。基于此，本文以"韩春雨撤稿"的学术争议为例证，结合萨维尼法律关系理论，论述非事证当事人的阐明义务，依次厘定高校在法律关系的义务内容，进一步落实《关于进一步弘扬科学家精神加强作风和学风建设的意见》提出的要求，弘扬科学家精神，优化学风，净化学术界，提倡学术争议和学术争鸣，配合"双一流"建设，实现教育现代化，助推中华民族的伟大复兴。

二、"韩春雨事件"概述和学术争议

"韩春雨事件"在一定程度上反映出了我国学术界的现状，事件经过了一个较长的时间。

从2016年5月2日，韩春雨团队在《自然—生物技术》在线发表题为 *DNA—guided genome editing using the Natronobacterium gregoryi Argonaute*（《利用Ng Ago进行DNA引导的基因组编辑》）的论文，到2017年8月7日韩春雨主动撤稿，经过了近两年时间；同时韩春雨所在的高校也备受质疑，一直处于被舆论广泛批评的旋涡之中。结合"韩春雨事件"的整个过程，笔者整理了大事记，记录事件的重要节点，见表6-1。

表6-1 "韩春雨事件"大事记

时间	主要事件概述

1. 2016年5月2日，韩春雨团队在《自然—生物技术》在线发表题为 "DNA—Guided Genome Editing Using the Natronobacterium Gregoryi Argonaute"（《利用Ng Ago进行DNA引导的基因组编辑》）的论文；

2. 2016年8月2日，国内知名刊物综合有关信息，发表了《多国科学家宣布：迄今未能重复韩春雨Ng Ago实验结果》；

3. 2016年8月8日，《自然—生物技术》回应说将按照既定程序开始学术调查，同时发表文章 "Replications，Ridicule and a Recluse：the Controversy Over Ng Ago Gene—Editing Intensifies"；

4. 2016年11月11日，科学家开始发表学术论文，如江苏南通大学神经再生重点实验室刘东副教授，在Cell Research刊物发表文章，Ng Ago—Based Fabp11a Gene Knockdown Causes Eye Developmental Defects in Zebrafish（《基于Ng Ago的fabp11a基因敲除引起的斑马鱼眼睛发育缺陷》），从科学实验的角度探讨了Ng Ago的成熟性问题；

5. 2016年11月19日，《自然—生物技术》宣布介入论文调查；

6. 2016年11月28日，《自然—生物技术》发表文章 "Failure to Detect DNA—Guided Genome Editing Using Natronobacterium Gregoryi Argonaute"（《利用Ng Ago未能检测到DNA引起的基因编辑》；

7. 2017年1月19日，《自然—生物技术》发表声明，说获得了韩春雨团队Ng Ago系统可重复实验的新数据；

8. 2017年5月9日，《自然—生物技术》又发表声明，说韩春雨论文调查还在继续；

9. 2017年8月7日，《自然—生物技术》发表题为 "Time for the Data to Speak" 的社论，正式宣布撤稿；与此同时韩春雨团队主动撤稿。

从统计分析可以看出，《自然—生物技术》从最先开始发表韩的成果论文到最后撤稿，一共发表了包括社论在内的7次文章或者声明，对于该事件按照既定程序开始调查，与作者沟通以及最后撤稿，都是依据既定的程序和范式严格限定在学术争议的范畴内进行的，表现出高度的负责、理性和严谨。与此同时，在国内，学术界和高校也在进行着一系列的活动，相对于国际刊物处理事件的严谨和规范，无论在程序还是结果上都值得反思，见表6-2。

表6-2　"韩春雨事件"学界和高校大事记①

时间	主要事件概述

1. 2016年5月5日，韩春雨团队在《自然—生物技术》在线发文，韩所在的高校官网高调发文报道，介绍说"我校老师韩春雨在国际顶级刊物发表高水平的文章"；之后舆论宣称是"诺奖级"的成果；

2. 2016年10月10日，由北京大学魏文胜教授组织和发起的来自中国科学院等科研院所的13位科学家通过两家媒体（《中国青年报》《澎湃新闻》）实名发表声明，表示无法重复韩春雨的实验，呼吁有关方面组织第三方介入调查；

3. 2016年10月12日，北京大学魏文胜13位教授公布了他们致韩所在高校领导的回复函，被网络舆论认定是"官腔十足，不可理解"；

4. 2016年8月3日，韩所在高校在其官网发表声明，表示启动对于该成果的学术评议和相关程序；

5. 2018年8月31日，韩所在高校发布了"主观没有故意"的调查报告，受到社会的广泛质疑和批评。

在整个过程中，高校和学术机构，特别是专业学术自治机构，并没有太多的作为，高校的作为也是受到了广泛的批评和质疑。

在"韩春雨撤销"事件中，从学术争议的角度，当事人应当履行怎样的义务？

三、非事证当事人的阐明义务

传统意义上的证明责任分配法则仅仅有助于解决当事人的主张责任与证明责任之间的相互协调问题，进而塑造出"谁主张谁举证"的基本诉讼证明架构，解决了一个民事诉讼的核心性质的议题。然而从现代社会的发展要求来看，程序救济、法律制裁与积极预防应作为民事诉讼的核心价值与应用功能，为此在民事诉讼法的基本原理以及程序演进的过程中，辩论主义成为传统的学理理念，表现为应负证明责任一方当事人应就其有利的

---

① 参见新华网，《河北科技大学公布韩春雨团队撤稿论文的调查处理结果》，http://www.xinhuanet.com/local/2018-09/01/c_1123363731.htm，2019年7月16日。

事实负有主张及证明责任，而非负有证明责任一方当事人并没有主动或被动提出证据资料或者信息资料的义务。随着社会的发展与变迁，社会矛盾的不断激化与新类型案件的不断出现[①]，在诉讼程序中事实认定的妨碍日剧增加[②]，采取传统的证据规则已经不能有效解决纠纷，特别是新类型的纠纷，对此，无论是学界还是司法界开始反思，形成了以法官阐明补充辩论主义的不足让法官积极参与诉讼活动的职权探知主义；之后形成了以当事人阐明义务为核心内容的主张责任及证明责任的协同义务主义，该主义又称社会民事诉讼原理。[③]事实上，在应对传统的辩论主义不足过程中的修订和变革结果导致了学界关于阐明义务的剧烈争论，其焦点是：在现代社会中，当应负有证明责任一方当事人在遇到不可归责的举证障碍时，为了顺利实现诉讼目的，应采取何种措施加以克服，是否应当将非事证责任的当事人在诉讼上的真实发现的协力义务在诉讼过程中一般化，形成非事证当事人的阐明义务。

---

① 学术纠纷就是在科技进步的条件下发生的新的类型纠纷。尽管还没有统一的定义，但是纠纷的客观性和特殊性已成为研究学术纠纷的重要基点。就学术行为的特定性而言，学术纠纷所涉及的社会关系完全属于教育法律和民事法律的调整竞合范围，解决目的是促进学术的交流与对话，保障学术平等与自由，形成统一的学术衡量标准和评价机制，促进智力成果的产生，服务与发展社会经济和科技进步。学术纠纷就其内外部结构性特征来看，具有双重性，一是内部性特征，如学术交流与学术探讨引起的纠纷在内部是一致的，体现学术的特征；差异性体现在外部性特征上，所谓外部性特征，是指学术批评和对学术错误的批判跳出了知识和理论本身，可能在外衍生新的法律关系和内容。

② "证明妨碍"一词早在280年以前就被先哲们定义，从历史发展的轨迹上看，该制度起源于证据法，在几个世纪以前就成为法院的焦点问题，那就是证据灭失问题。王座法庭于1722年在Armory v.Delamirie一案中的裁判就证明妨碍的救济创立了法律先例，由此诞生了证明妨碍的推定规则，该判例成为里程碑，确立了新的法律原则，即"推定不利于过错人原则"，成为判例法中凡是涉及证明妨碍的必须遵循的原则，依此实现司法制度的两个重要的目标——真实的发现与公平的实现。

③ 依据该原理规定，并不是用协同主义代替辩论主义，只是改良辩论主义克服辩论主义的不足，适用社会的发展，并未撼动辩论主义的原则根基。

（一）非事证当事人阐明义务的缘起、构成要件

非事证当事人的阐明义务，又被称"当事人的事案释明义务"，在主体上是指不负有事证责任当事人的证明义务，在性质上该义务与真实义务、具体化义务、诉讼促进义务有类似的情节，属于"义务"的范畴。非事证当事人的阐明义务的上位概念是证明协力义务渊源中的第二项范畴——对于案件事实进行陈述以及提出证据义务。非事证当事人的阐明义务法理基础是诉讼促进义务，是伴随着现代社会工业化兴起，各种社会矛盾不断出现引发大量纠纷，要求法理上更加注重实质正义，实现诉讼职能的公益化以及程序本身公法化的职能要求。德国在1976年修订其民事诉讼法的过程中，首次将该义务明确在法律中，无论其正当性还是合理性，形成了以"宪法及诉讼法目的说"为代表的多种学术，构造了严密的理论体系。

为了正当地、合理地履行非事证当事人的阐明义务，防止超越义务边界，侵犯其他人的合法权利，非事证当事人的阐明义务应包括以下几个要件。一是非事证当事人的空域条件，也就是非事证当事人处于事实发生的经过或者场域。以"韩春雨事件"为例，当事人包括作者和学校都是该事实的经历者。二是其他当事人在行为上无法就有关事实进行陈述及提出有关证据；换言之，其他当事人包括负有证明责任当事人就其所提出的事实主张要求不具有可预期性。以"韩春雨事件"为例，其所在的高校是不能提出韩作为文章的作者有学术不端等预期性的，因为高校首先是法人机构，有更多的行政权能和其他利益，如通过学术成果在目前"双一流"建设过程中有所作为，在专业问题上除非委托第三方，是不能预期提出事实的证明责任的。三是非事证当事人阐明义务不具有可归责性，主观上没有过错，包括故意或者重大过失。

（二）非事证当事人阐明义务的证明方式和范围

从诉讼构造上讲，非事证当事人在阐明义务上，主要体现在证据手段上①，以德国法为例，其法例主要有以下几种。

（1）勘验证据方式。作为勘验的对象包括争议本身的事项和关联人，应当交出或者展示的数据资料，第三人或者委托人的资料，甚至是当事人所有的电子文本。

（2）书证证据方式。该方式要求非事证当事人要遵循文书提出的义务制度和文书提出命令制度；同时法官有扩大化的证据收集权限。总之，只要是文书有关联性，该阐明义务要求非事证当事人有完全的（一般性）的协力义务。

（3）证人作为的证据方式、证人义务是各国司法的普遍义务方式，是一般的公法义务，包括出庭义务、作证义务和宣誓义务，上述规定自然适用于非事当事人的阐明义务。

（4）鉴定人的证据方式。鉴定人作为咨询者和辅助人，根据专业知识就缺少法律规范的或者经验法则的事实做出结论，该方式通常适用于非事证当事人的事实陈述与提供证据义务。

（5）当事人作为证据义务。当事人作为事实的经历者，最了解案件事实，当事人的询问就是认定事实不可或缺的手段。在诉讼中或者日常生活中涉及的民事活动，基于调查证据的需要，对于包括非事证当事人的询问，只要有利于发现事实真相，当事人应承担公法上的义务。②总之，非事证当事人阐明义务的内容立法体例，无论是德国法律还是其他国家或者地

---

① 依据德国学者的观点，证据手段又称证据方法，通过证据加以观察和识别，从而实现非事证当事人阐明义务的具体内容，将其限定在非事证当事人阐明义务的具体范围内。我国民事诉讼法证据部分也有类似规定。

② 在我国民事诉讼法中也要求当事人陈述有关事实，和其他大陆法系国家的规定类似。如《德国民事诉讼法》第141条第1款规定，在案件必要的时候，法院应命令双方当事人到场；第455条规定，一方当事人对于应证明的事实，不能通过其他的证据方式得到完全证明，或者没有提供其他证明方法，可以申请就应证明的事实询问对方当事人。

区的立法体例①，采用的是一种事实陈述的相对限制与证据提出义务，接近一般化义务。

四、基于萨维尼法律关系理论的学术争议当事人的界定以及阐明义务理论在"韩春雨撤稿"学术争议中的分析

法律关系是法律的基础性概念，是私法的基本工具，它的发生、变更和消灭构成了民法效果范畴的基本内容，体现的是法律规定的一定关系。法律关系在本质上是一种通过法律的授权而形成的法权关系，法律关系的起点是权利，是法律主体决定法律自由的前提；同时法律关系在本质上也要求主体必须履行一定的义务，才能构成完整的法律关系内容。

（一）萨维尼法律关系理论和学术争议中的当事人定位

萨维尼是法律关系的首创者，他第一次利用法律关系构建民法体系，将法律关系定义为"法律关系就是人与人之间的关系"，分析了作为法律关系主体的权利类型，从个人主体性角度将法律关系的主体权利分为原权、物的权利和债权三大类系。他在强调法律关系本质是权利的同时，认为法律关系上有义务以满足权利的实现，同时具体规范的权利受到规范体系的约束，体现法律的社会平衡精神，没有不受约束和不履行义务的权利。法律关系作为基本的私法工具，成为确立法律效果内容的中心概念和基础概念，对于法律关系的义务人来说，他不仅不能违反法律的禁止性规定，还要必须尊重法律关系的内容，使得法律成为一种内化的技术手段，不仅将表象的法律本质化，而且使抽象的法律具体化。萨维尼法律关系理论和本质分析，构建了现代民法体系，也为法律的构造奠定了基础，在此

---

① 在我国台湾，关于当事人的证明方式有五种类型，分为人证，鉴定、书证、勘验和当事人询问。如在最近修订的《民事诉讼法》第227条中也采用了现代社会条件下对于传统的证明责任及证据结构必要修订的价值观念，对于非事证当事人的阐明义务概括性规定："当事人主张有利于己之事实者，就其事实有举证之责任；但是法律另有规定或者依其他情形显失公平者，不在此限。"

基础上形成了日趋完善的法律关系理论，成为法律部门的重要调整对象。结合萨维尼法律关系理论的分类，在学术争议中可能涉及一种以体现"每个人都有权利自由地决定是否去从事"为内容的法律关系，也就是所谓的"市"或者"民"的法律关系——民事法律关系，再就是以所谓的"国"或者"公"为属性的法律关系——行政法律关系。

在"韩春雨事件"的学术争议中，从法律关系的角度讲，有民事法律关系，也就是期刊和作者或者作者的单位构成的法律关系；再就是以作者和单位之间的劳动关系。为了研究的便捷，本研究仅从民事法律主体的角度，研究作者单位的证据义务。学术争议涉及专业内容，作为职责管理机构的作者单位和作者，有着不同类型的法律关系，但都是广义的民事关系；由于学术问题的专业性和非典型性，以"韩春雨事件"为例证，按照学术规范要求作者文责自负，依据传统证明责任的要求作者是负有证明责任的当事人。学术问题，涉及专业技术和科学实验流程、数据等专业技能，需要作者陈述事实或者提供证据；但是对于作者所在的学校，就是非负有事证责任的当事人。由于高校法人的特殊性，其担负着满足社会知情权的义务，以此消除包括国际社会在内的学术道德和学术规范的预期。高校对待学术问题必须科学严谨，依据阐明义务的三个构成要件以及非事证当事人阐明理论的要求有阐明义务，应当陈述事实和提供证据，满足社会知情权和社会关切，证明韩团队的学术活动符合学术规范和学术道德要求。

（二）非事证当事人阐明义务理论在"韩春雨事件"的应用分析

进入现代社会，为了适应社会发展潮流以及推行新型价值观念的体系构造，在传统辩论主义的构架下系统改造，以修订传统的举证责任就事实陈述和提供证据义务方面，强化了非事证当事人的阐明义务，无论是在德国还是受日本影响的我国台湾，修订民事诉讼法体现了阐明义务的一般化。对此，按照阐明义务的证明方式，对比"韩春雨事件"中高校作为非事证当事人就会发现义务履行不足。从公开的信息来看，韩所在的高校在2018年6月2日发表郑重声明："任何机构或个人发布相关信息，均与本校及韩春雨教授本人无关。"2016年8月3日，韩所在高校在其官网发表声明，表示启动对于该成果的学术评议和相关程序；2018年8月31日，韩所在高校发布了"主观没有故意"的调查报告，从调查报告的内容上看，在处理学术争议的过程中，采取了传统的处理方式，也就是行政方式[①]，受到社会的广泛质疑和批评。

结合阐明义务的证明方式，通过对比高校的作为，作为非事证当事人，在处理学术争议的过程中，显然高校的作为是不能满足阐明义务要求的，这就是包括学界和社会质疑"韩春雨事件"学术争议的原因。[②]参见表6-3。

表6-3 "韩春雨事件"非事证当事人阐明义务对比表

序号	非事证当事人阐明义务	"韩春雨事件"高校作为[③]
1	勘验证据方式	无
2	书证证据方式	无
3	证人证据方式	无
4	鉴定人的证据方式	不充分
5	当事人作为证据义务	无

（资料来源：结合新华网等主流媒体的新闻和高校官网的材料，按照民事诉讼法证据证明程度综合整理。"无"表示没有公开或者报告有关内容；"不充分"系委托了有关机构鉴定，但是没有公布鉴定结论或者实验结论。）

五、学术争议非事证当事人阐明义务的构建

2019年6月11日，中办国办印发《关于进一步弘扬科学家精神加强作风和学风建设的意见》，要求弘扬科学家精神，优化学风，净化学术界，提倡学术争议和学术争鸣，上述文件有力地配合了"双一流"

---

① 官方的声明中说："按照学术、行政两条线进行了全面核查"，"未发现韩春雨团队有主观造假情况。"参见新华网，《河北科技大学公布韩春雨团队撤稿论文的调查处理结果》，http://www.xinhuanet.com/local/2018-09/01/c_1123363731.htm，2019年7月16日。

② 2016年10月12日，北京大学魏文胜13位教授公布了他们致韩所在高校领导的回复函，被网络舆论认定是"官腔十足，不可理解"；相对于国际刊物处理事件的严谨和规范，无论在程序还是结果上都值得反思。

③ 上述事实依据新华网新华网，《河北科技大学公布韩春雨团队撤稿论文的调查处理结果》，http://www.xinhuanet.com/local/2018-09/01/c_1123363731.htm，2019年7月16日。

建设，实现党的十九大报告提出的"坚定文化自信，推动社会主义文化繁荣"，"坚持中国特色的社会主义文化道路，激发全民族文化创新创造活力，建设社会主义文化强国。"①实现高等教育现代化，必须重视学术争议，在尊重学术神圣、自由的同时，依据学术争议的特点，在不同法律规范的范畴内处理好学术争议，建设学术争议的多元化救济体系。

学术争议非事证当事人阐明义务系证明协力义务，属于证明妨碍的范畴，在我国司法实践中，证明妨碍早已普遍存在并有持续性蔓延的趋势，但是在我国理论界对于此现象没有应有重视，无论立法还是司法缺少必要的认识。事实上，我国的《民事诉讼法》第102条规定了证据强制措施，《民事诉讼法司法解释》的第75条采取了推定证据适用原则；但是对于证据证明妨碍的内涵、构成要件和法律适用都没有规定和明文立法，严重影响了该制度的认知和应用等。至于学术争议非事证当事人阐明义务更是鲜有论述或者制度建设。

作为社会纠纷的一部分，学术争议的特点要求建设多元的救济体系，因此构建学术争议非事证当事人阐明义务，契合科技和学术创新，科学厘定证明责任，依据诉讼证据法的发展趋势②，实现现代社会条件下的传统辩论主义的改造，在构造上做如下设想。

（1）结合最高院有关司法解释和成例性经验，适当借鉴我国台湾的最新诉讼法的修订结果，在学术争议解决的规范性文件上就证明责任及分配一般性做法做出规定的同时，结合学术争议的特点，可以做如下制度设计

---

① 参见《决胜全面建成小康社会夺取新时代中国特色社会主义伟大胜利——在中国共产党第十九次全国代表大会上的报告》，北京：人民出版社，第41页。

② 在诉讼法上，证明协力义务是传统的辩论主义的证据责任分配责任经过改造和修订以后的以适用现代社会的重要理论工具，对于非事证当事人的证明责任，陈述事实和提供资料，阐明案件，逐渐被认为是一般义务；同传统意义上的真实义务和促进义务，成为诉讼法的基础理念，在不同国家和地区的诉讼法修订过程中，被接受和体现。非事证当事人的阐明义务要求当事人阐明证义务来源于英美法系，但是人类社会进入现代社会以来，全球化趋势不断加强，在一些领域和特殊类型的争议，如学术问题和学术争议，证明责任的合理分配，消除证明妨碍成为大陆法系各国立法者、司法界和学术界的广泛注意和关切。

和立法表述：当事人主张有利于己的事实或者涉及专业问题，就其事实负有事实陈述提供证据的责任，但是法律另有规定或者显失公平的除外；因当事人就事实陈述或者提供的证据导致事实难以最终认定的或者专业问题不能解决的，有关机构应当依据证明责任分配原则，恰当地运用非事证当事人阐明义务做出裁判。

（2）在上述原则性规定的基础上，规范性文件对于涉及的事实及证据调查过程可以依据学术争议的不同阶段实施。

（3）借鉴专业技术部门法的经验，就不同类型的学术争议，在不同环节向包括社会在内的主题报告不同类型的报告内容，满足学术争议的解决需要和社会关切。

总之，"韩春雨事件"引发的学术争议如同一面镜子，不仅折射出我国学术界的现状，而且也反映了在处理学术纠纷的过程中非事证当事人阐明义务制度设计的不足。应当按照有关理论，参照国际先进经验，本着尊重学术自由、神圣的原则，科学建立学术纠纷的救济机制和创新证据分配制度，才能在新的历史时代，在建设"双一流"的过程中，实现我国高等教育的现代化，助推中华民族的伟大复兴。

第二节 学术争议证明协力义务

传统辩论主义的证明责任分配原则并不能解决非负有事证责任的当事人的举证义务，这就导致不能实现陈述义务的立法目的。随着现代社会纠纷的不断增加，出现了以阐明义务为核心内容的证明协力义务。该义务的主要渊源包括：当事人在诉讼证明上的文书提出义务，对于案件事实进行陈述以及提出证据义务和当事人在实体法上的情况报告义务。其中，对于案件事实进行陈述以及提出证据义务又称"阐明义务"，在大陆法系特别是在德国法律中，有在范围上一般化义务和借鉴英美法系证据开示制度的倾向。以此为理论工具分析"韩春雨事件"引发的学术争议就会发现，无论是韩春雨团队还是高校，在证明协力义务上都有不同程度上的违背，导致产生社会质疑。为实现学术争议解决的制度创新，在立法体例上应构造"以证明责任为主，证明协力为辅的证明义务体系，分不同类型和阶段履行举证责任"的法律体系。

一、学术争议当事人证明协力义务及其在"韩春雨事件"的运用

传统的辩论主义的证明责任分配原则，并不能解决非负有事证责任的当事人的举证义务，从而导致陈述义务立法目的——证明的必要性及尽可能完全地收集证据资料——不能实现。基于大量诉讼的客观现实性，如现代社会的诉讼呈现出快速增加的趋势，要求立法对于传统的辩论主义进行变革和修正，于是出现了以阐明义务为核心内容的证明协力制度，解决责任分配责任问题。

（一）证明协力义务概述

所谓的当事人证明协力义务是指，一方当事人对于另一方当事人为获取有关事实的证据资料、信息资料或者进行诉讼上的证明负有特定的协助义务、否则将产生不利的法律后果。也就是说，一方当事人不得通过自己的行为（包括作为或者不作为）妨碍对方在诉讼上的证明，如该方当事人的行为（作为或者不作为）违反了对于这种义务，将产生法律上的后果，特别是产生对于其不利的裁判后果。从时间和空间上看，该义务绝不限定在诉讼过程中，在日常生活中，凡是民事活动或者其他交易中的当事人，都负有一种普遍意义上的义务来保存与民事活动或者交易有关的证据材

料，以保证民事活动或者争议的安全性①，以此确定当事人合法权益的基本状态，厘定自己权利和义务的边界。

该义务的主要渊源包括以下几个。

（1）当事人在诉讼证明上的文书提出义务。该项义务是当事人证明其主张以及裁判机构在查明事实的基础上做出司法裁判的内容。

（2）对于案件事实进行陈述以及提出证据义务。该义务被称为"当事人的事案解明义务"，又称之为"阐明义务"②，既包括应负证明责任一方当事人的主张责任以及证明责任中所涉及的事实陈述及提出义务，也包括非负证明责任一方当事人的事实陈述及证据义务。该义务又进一步分为三种类型，要求当事人提出最低的确定性主张。

（3）当事人在实体法上的情况报告义务。该义务要求当事人在实体法上要提供情况报告涉及的有关证据资料以及其他信息，一方当事人在实体法上负有该义务，另一方当事人在实体法上享有情况报告的请求权。③

证明协力义务的法理基础来源于一般协力义务，该义务又分为一般协力义务和特殊的协力义务。④只有法院或者裁判机构收集到与案件有关的证据，才能接近案件的事实或者本质，进而解决纠纷。为了使研究的范围与"韩春雨事件"更加契合，本研究重点介绍在学术争议过程中，当事人根据案件事实进行陈述以及提出证据的义务，也就是"当事人的事案解明

---

① 当事人证明协力义务有广义和狭义之分，广义的证明协力义务主要是诉讼发生之前当事人所应当承担的这种义务，主要包括实体法上的证据资料或相关信息资料提供义务；狭义的证明协力义务主要是诉讼发生以后，即在诉讼过程中，当事人应当对于案件进行陈述或者提出证据的义务。

② 传统的辩论主义认为，证明责任是当事人重要的义务，即对于自己的主张有义务提出证明，在该理论的支配下非负有证明责任的一方当事人并无主动或者被动提供证据或者信息资料的义务。但是进入现代社会以来，随着生产关系的变迁，社会的主流观念从先前的形式意义上的社会公平正义逐渐走向实质意义上的社会公平正义，于是出现了证明协力义务，就是对于传统的辩论主义的修订或者变革，形成了基于辩论主义的陈述义务。在陈述义务中，非负证明责任一方当事人的事实陈述义务及提出证据的协力义务，在学者之中有不同的观点。

③ 实际上，我国部分法律，如《公司法》中就有相关规定，股东享有公司章程、股东名册和有关会议记录等资料的请求权，公司有报告性义务。

④ 德国法律中对此有明文规定，如《德国民法》第259条、第371条等。

义务"，即阐明义务。

（二）当事人的案件事实进行陈述以及提出证据义务（阐明义务）

该义务又被称为"阐明义务"，其核心内容既包括应负证明责任一方当事人的证明责任，也包括非负有证明责任的一方当事人的事实陈述义务和提出证据的一方的证明责任。该义务修订了自近代以来传统的辩论主义的证明责任的法理，改变了非负有证明责任一方当事人并无主动或者被动提供有关证明或者信息责任义务的传统做法，实现了形式正义向实质正义的转变。

阐明义务的起源已经无从考察，这是近代社会的产物，是实现实质正义以及诉讼职能公益化和诉讼程序公法化的结果，是大陆法系的典型范式，其理论依据是体现保护当事人避免诉讼迟延的诉讼促进义务[①]，针对该义务形成了不同学说，如宪法及诉讼目的说、完全义务说、真实义务说等。必须指出的是，虽然上述学说的立论根据不同[②]，但均是对于事实陈述及证据协力的肯定。其构成要件首先是当事人处于事实发生过程或者经过，也就是一种空间领域。如"韩春雨事件"的学术争议，包括韩和韩所在的学校都是事件的经历者，是"经过"或者发生"场域"的，有法律上的空域条件；其次是负有证明责任的当事人无法就有关事实陈述或者提出有关证据，如韩所在的高校虽然是韩民事劳动关系的主体，在韩的科学实验发表文章的过程中，没有能力至少是没有学术能力提供证据；最后是依据法律或者裁判的要求，当事人有获得公正裁判的预期，如该案件中，无论是科学界还是社会都希望有一个公正的结果，甚至是良好的结果。

---

① 诉讼促进义务来源于协力义务，该义务分为一般协力义务和特别协力义务，特别协力义务又分为实体的特别协力义务和程序特别协力义务。它是由德国学者提出的，在近现代诉讼法律理论中发挥了十分重要的作用，是对于传统辩论主义的陈述义务的重要修订和变革。

② 依据我国学者姜世明的统计，关于阐明义务至少有9种学说，并形成了完整的法理体系，对于阐明义务从学理上总结和阐述。

　　该阐明义务的制度性内容是经过激烈争论逐渐形成的，在传统的辩论主义的一般证明责任分配框架下应负有证明责任一方当事人应对于其事实和主张有证明责任；而非负有证明责任一方当事人并无主动或者被动就事实进行陈述或者提供证据的义务。在当今社会争议层出不穷的背景下，特别是当事人举证困难的条件下，诉讼困难的社会变迁使得辩论主义持续地被改造，导致出现了争论焦点，那就是非负有事证责任的当事人的协力义务是否普遍化或者一般义务化。德国在经过了近40年的争论以后，将上述义务法典化，形成了系统化立法体例。①结合有关立法例的发展趋势及法理学说探讨的深度和广度，对于非事证当事人的阐明义务分为两大类型：一是将非事证当事人的阐明义务一般化原则性设置，在立法例上做原则性规定，使非事证当事人在尽可能小的范围内，最大限度地履行证明协力义务，陈述有关事实，便于法院正确裁决；二是非事证当事人的阐明义务例外化设置，也就是说在立法上不承认一般化证明协力义务，不把非事证当事人的阐明义务纳入实体法和程序法请求权的诉讼体系中。②目前在大陆法系，特别是在德国法律中，非事证当事人的阐明义务朝着更大范围的事实陈述及证据提出的协力义务一般化发展，甚至借鉴英美法系证据开示制度，通过第一审程序的诉讼构造，加以法庭程序的证据义务化，否则按照证明妨碍得以论处。因此，无论是学界还是司法界都有设定非事证当事人的阐明义务一般化的趋向，经过诉讼构造，实现裁判的精准和判决，朝着一般化立法的趋向迈进。

---

　　① 参见《德国民法典》第138条、第423条等条款。德国学者基于宪法和诉讼目的说，强调诉讼保护的是当事人以发现真实的诉讼体系及诉讼目的，主张非负有事证当事人的协力义务，但是不赞成上述义务的扩大化；上述观点和争论影响了日本和我国台湾，如我国台湾在"修订""民事诉讼法"时将上述非负有事证责任的当事人的阐明义务的规定不断完善，在法官和当事人之间的定位在整体构造上发生了较大的调整，形成了非事证责任当事人的义务化倾向，甚至在某些方面的立法法意超过了日本和德国。
　　② 我国台湾学者姜世明教授，就此系统分类了6种模式，并且分析了不同当事人的证明责任，基本上坚持第一种类型，但是在6种模式中又有区别，如非事证当事人的义务条件、范围、类型和效果等。

（三）证明协力义务理论在"韩春雨事件"的应用分析

结合上述分析可以发现，证明协力理论作为传统辩论主义修订和变革的重要理论工具，在诉讼过程中发挥了重要的作用。无论是在民事活动或者其他交易中，还是在传统意义上的诉讼或者争议的证明责任分配中都提供了重要的借鉴或者理论工具。"韩春雨事件"作为学术问题，争论的焦点是在实验过程是否按照科学规范（实验程序、发表论文资料整理的学术规范以及学术道德）处理实验结论，完成其科研过程中的交易安全，因此他和他所在的学校是当事人，这是分析的前提。其次，在整个交易过程中其负有证明协力义务，具体体现三个方面：一是文书提出义务，从实验接受专业的调查和社会的质疑开始，他就有文书提出义务。但是从案件的过程中可以看出他仅履行了部分义务，也就是在2017年1月19日，《自然—生物技术》发表声明，说获得了韩春雨团队Ng Ago系统可重复实验的新数据，但是缺少了社会呼应，如该团队说不再回应社会需求，显然是违反了上述文书义务的规定。二是违反了当事人的案件事实进行陈述以及提出证据义务（阐明义务），在该事件中，无论是韩还是其所在的高校，都有义务就事实客观陈述，并提出证据；但是传统的证据分配责任在涉及科学实验问题和专业问题上，由于技术和专业的原因，导致信息不对称；基于学术争议的特点和非事证当事人阐明义务，他又有证明协力义务来阐明和回答包括社会和学界的关切，证明实验数据真实客观的事实。事实上，他并没有履行阐明义务，反而是高校通过一个行政手段履行了错位的义务，发表了"没有主观过错的"的声明，实施行政权能的调查义务，涉及了学术问题，超越了高校法人的权能边界。三是实体法益的报告问题，其提出数据资料的义务也没有履行，导致争议过程中的信息不透明。

二、我国高校学术争议当事人的证明协力义务的构建

实现教育现代化是实现中华民族伟大复兴的重要动力和保证，也是实现"两个百年目标"的重要内容，因此创新高校制度、借鉴国际先进经

验，应当成为当下高校争创"双一流"过程中的重要内容。然而从方法论意义上讲，上述目标有着导向意义，但是缺少相对应的方法论或者措施。

（一）我国法律中证明协力的立法和司法概览

传统意义上辩论主义修订的诉讼体系对于中国当下的客观现实更有必要性，但是无论是立法还是司法实践，其与传统的大陆法系国家的立法思想都有一定差距。由于立法的原因，我国在新修订的民事诉讼法中并没有就证明协力义务做出规定，如《民事诉讼法》第63条将陈述作为证据之一；第71条规定人民法院对于当事人的陈述，应当结合其他证据，审查能否作为认定事实的根据；当事人拒绝陈述的不影响人民法院根据证据认定事实。从上述基本法律规定和司法解释来看，我国并没有规定证明协力义务，特别是关于非事证当事人的阐明义务。[①]关于实体法的报告义务，在《公司法》中有所涉及，并且有不同的类型。如《公司法》第34条关于公司文书的报告义务；第72条公司股东查询财务的报告制度以及第91条股东参会的报告制度。由此可见，在我国学术争议的案件解决过程中，缺少证明协力义务的法律规定，在实践中也缺少经验；实践中往往依据高校的行政性规定处理学术争议，上述案件就是代表。

（二）高校学术争议的当事人证明协力制度的构建设想

随着科技进步，学术争议作为客观现象有着自己的特点，在高等教育现代化的过程中，特别是"双一流"建设过程中，应建立多元争议解决机制，契合科技和学术创新，建立学术争议的当事人证明协力制度，科学厘定证明责任，实现现代社会条件下的传统辩论主义的改造，使证明协力义务理论在我国法律体例中系统化，在构造上如下设想。

（1）结合最高院有关司法解释和成例性经验，在学术争议解决的规范

---

① 关于该问题，学界还有不同的观点，但是主流观点还是认为没有证明协力义务的法律规定。

性文件上就证明责任及分配一般性做法做出规定的同时，结合学术争议的特点，可以使用如下制度设计和立法表述："当事人主张有利于己的事实或者涉及专业问题，就其事实负有事实陈述提供证据的责任，但是法律另有规定或者显失公平的除外；因当事人就事实陈述或者提供的证据导致事实难以最终认定的或者专业问题不能解决的，有关机构应当依据证明责任分配原则，恰当地运用当事人证明协力义务做出裁判。"

（2）在上述原则性规定的基础上，规范性文件对于涉及的事实及证据调查过程可以依据学术争议的不同阶段实施。

（3）借鉴专业技术部门法的经验，就不同类型的学术争议，在不同环节向不同主体报告不同类型的报告内容，满足学术争议的解决需要和社会关切。

第三节　学术争议证明妨碍

证明妨碍最早起源于经验法则，而今已成为法律公平与制裁政策考量中的重要因素。虽然现实上无法精确判别证明妨碍内容的本质，然而无论是学界还是司法界都努力寻求证明妨碍的判定基准，在社会转型期间，应对证明妨碍对于诉讼正义产生的影响。证明妨碍有主客观构成要件和例外事由，如在客观要件上通过改变证据类型和证明方式上获得不法的诉讼利益，产生不同的法律适用，造成裁判不公正，使法院无法查明事实真相。在"韩春雨事件"的学术争议中，无论主客体要件还是主客观要件上都符合证明妨碍，产生了广泛的消极影响。为此，应在高校科研管理和纠纷救济机制中规范证明妨碍制度，构建证明妨碍主观构成要件的扩张化规定，实践证明妨碍客观要件的类型化，设定和限制当事人的有关权能。

一、证明妨碍的历史渊源、构成要件及其危害

所谓的"证明妨碍"（spoliation of evidence）是当事人（一方或者多方）在诉讼前或者诉讼后通过特定的行为故意或者过失地使另一方当事人不能公平地利用证据，实现诉讼目的或者达到诉讼利益，从而导致对另一方当事人产生不利裁判后果的情形。[①]因此，证明妨碍既是一种特殊的行为，又是一种因为该行为所产生的法律后果。

（一）证明妨碍的缘起和历史演变

从历史发展的轨迹上看，证明妨碍起源于证据法，在几个世纪以前就成为法院的重要问题，也就是证据灭失问题。早在1722年王座法庭Armory v. Delamirie一案中，法官就证明妨碍的救济创立了法律先例，由此诞生了证明妨碍的推定规则，确立了新的法律原则，即"推定不利于过错人原则"，成为判例法中凡是涉及证明妨碍必须遵循的原则，依此实现司法制度的两个重要的目标——真实的发现与公平的实现。

实践中，证明妨碍有着扩大化趋势。如在英美法系的美国，尽管绝大多数地区认为因为证据和分配责任导致利益受到严重损害，法院有责任对于衡量公平争议的尺度可以重新调整，但是对于如何调整和防范证明妨碍有着不同的认识和定位。基于此，1991年美国的一个研究报告显示，证明妨碍民事诉讼上的蔓延趋势令人触目惊心，50%的参加过诉讼的

[①] 在理论上，证明妨碍不仅是一个复杂的历史过程，又是一个逻辑思维体系，学界在该问题上有着不同的认识。在英美法中，学者对于该问题的认识并不十分系统，它被认为是证据加以毁灭和变造等，在具体描述上有如下的情形：一是证据种类说，认为证明妨碍是特定的证据种类；二是主观心态说，认为证明妨碍表现为主观有故意或者非故意；三是诉讼结果说，认为证明妨碍在诉讼前后或者诉讼过程通过行为对于诉讼结果的损害。参见毕玉谦. 民事诉讼证明妨碍研究［M］. 北京：北京大学出版社，2010，1~3.

人认为，证明妨碍成为日常发生或者经常出现的情形。无论是大陆法系还是英美法系，证明妨碍成为"当代民事诉讼的现实悲哀"，"那种蓄意干涉他人的证明妨碍的行为如今变得司空见惯"，"无论如何强调证明妨碍行为这种现象，无时不有及无处都显得毫不夸张。"[①]总之，虽然上述证明妨碍的历史渊源是从英美法系的角度展开的，但是随着人类社会进入现代社会以及全球化趋势的加强，证明妨碍和法律规制已经引起了立法和司法的广泛关注。

（二）证明妨碍的构成要件和例外事由

随着证明妨碍的恶化，对此问题的研究成为司法和学界的广泛讨论课题。在学理上，证明妨碍的基本构成要件一般包括主客观要件和主客体要件两大类。

（1）主客体要件。构成证明妨碍的主体要件可能是诉讼当事人，也可能是利益第三方，也就是当事人控制或者支配的诉讼外第三人。[②]在一些特定的案件中，无论是否负有证明责任的当事人都有可能成为主体，也就是说，无论是诉讼当事人还是其他行为人，只要证明有妨碍行为或者对于证据产生影响，就可能成为主体。构成证明妨碍的客体要件是指行为人对于何种证据种类或者证明方法实施妨碍行为才能成为证明妨碍，通常地讲就是证明妨碍行为针对的证据种类或者证明方法。不同国家的主客体要件不同，以德国《民事诉讼法》为例，为了促使审理和辩论集中化，证明妨碍的客体不仅仅限定在文书类，还可以通过案件裁决确定的法律原则补充现行法律的不足，将证明妨碍的客体加以扩充，以满足诉讼需要或者社会公正价值的需要，成为当下社会追求程序正义的主流趋势。

（2）主客观要件。构成证明妨碍的主观要件是指行为人在实施证明

---

① 转引自毕玉谦.民事诉讼证明妨碍研究［M］.北京：北京大学出版社，2010，6.
② 学界对于诉讼外第三人成为证明妨碍的主体要件可以分为以下几个层面：① 当事人与第三人之间存在某种法律关系如契约关系等；② 当事人与第三人之间存在某种行政法律关系，如行政规章、行政命令等；③ 因为事实形成的其他法律关系等。

妨碍过程中的主观心理状态以及法律责任可归责性心理活动，涉及当事人行为的心理活动、心态和思想意识等内容，通俗地讲就是行为人在具体行为因受到某种过错心理支配而给他人在某一案件中的证明活动造成了不利影响，损害了他人的权益；在诉讼寻求司法救济的过程中，行为的过错心理导致法院不能查明案件的事实或者接近真实。其基本类型分为两种：一是主观状态上的故意，也就是说行为人明知而为之，使他人出现证明上的困难或者无法证明，但是依然希望或者放任这种结果的发生。[①]在现代社会中，我国目前存在着大量的证明妨碍行为，在主观上是主观状态上的故意，原因是我国经济的快速发展，社会的法治化程度不能与经济发展同步，法律体系中出现的新的问题，如证明妨碍问题有待于健全和完善，立法技术有待于提高。二是主观状态上的过失，故意和过失之间是不同的；[②]但是随着民事诉讼构造理念朝着"救济""惩罚""预防"三大政策转型，过失主观状态在证明妨碍中的意义更重要，具有法律意义上的可归责性。[③]依据目前的传统观点，构成证明妨碍的客观要件主要包括以下内容：存在某种证明义务（法定或者约定），存在某种特定的证明妨碍行为，受到妨碍的证据或者证明方法具有不可替代性，导致不利的裁判后果以及因果关系的形成等方面。

基于行为人本身的某种特权或者在司法上利益均衡的考量免除其承受利益后果的特殊情形，就是免除构成证明妨碍的事由，亦称之不构成证明妨碍的事由。由于民事诉讼法具有公法属性，法院在查明事实的基础上做出裁决，要求当事人有义务提出证据，接近事实真相，当事人有负有提

---

① 有的学者将证明妨碍的故意和传统法律意义上的故意确定为不同的范畴，具有双重性，即明知证据对于待证的事实或者证明活动有重要性，且故意将该证据加以毁灭等。

② 从逻辑体系上看，主观状态分为故意主观和过失主观两大类型。早期的证明妨碍是基于经验法则的，也就是说当某人伪造、隐藏证据的行为导致的证明妨碍往往被限定在故意的情形，而过失的情形则无法与证明责任有联系。

③ 实际上二者之间是不同，主要体现在以下几个方面：一是主观表现形态上，如行为人的意念或者预见不同；二就是证明妨碍的场域不同；三就是类型和效果不同。

供事实和证据的协力义务。但是，由于文化传统和审判方式的差异，两大法系在促成当事人履行义务的途径和方式上有着显著的不同：英美法系国家是通过证据开示程序使当事人产生互动，以便调查、收集有关事实和证据；而大陆法系主要是通过特定的调查方式对于有关当事人调查或者收集有关事实证据。无论是大陆法系还是英美法系，作为诉讼法中的权利，任何一方当事人都有权利享有对方披露有关证据的权利，但是这种权利是有限度的，不同的国家对于当事人的这种权利是有特别限制的，这种限制或者是特权就是证明妨碍的例外情形。从各国立法或者司法上设定构成妨碍的例外事由的基本情形上，主要包括以下几种情形：

（1）有可能使证据持有人受到刑事追诉或者导致其名誉受到损害构成了证明妨碍的例外。因为基于基本人权的宪法性保障，在民事诉讼活动中，如果涉及当事人，法院的调查权利或者说当事人的证据提供义务可能受到刑事追诉，尽管各国法律的规定不同，但是都有构成证明妨碍的例外，也称之为拒证权①，上述例外情形的考量是基于宪法保护的公民的尊严（人格权）、自由权、生命权和生存权等基本人权。

（2）涉及商业秘密或者个人隐私的证据也构成了证明妨碍的例外。商业秘密是一种商业信息，包括技术秘密、经营秘密和其他秘密，与企业的经营和经济利益有着密切的关系，具有独立的实际或者潜在的经济价值，保持其秘密状态是正当的；个人因素主要涉及公民私密，属于个人的私事，与公共利益、社会群体没有关系，不能公开，各国法律无论是大陆法系的国家还是英美国家的法律都有特殊的规定②，构成了证明妨碍的以外情形。

---

① 关于"拒证权"，不同国家、地区的学者有不同的观点，如在英国民事诉讼中，当事人享有在特定情况下免于自我归罪的权利，也称为"自我归罪权"；美国法律规定，当事人有秘匿特权规则，在司法实践中当事人享有秘匿特权，可以拒绝证据开示。

② 参见2010年4月26日国务院颁发的《中央企业商业秘密保护暂行规定》的第一章，我国《反不当竞争法》第10条等有关规定以及美国《侵权行为法》第757条等规定。

（3）涉及公务员职务上特定的证明或者公共机构掌握的特定证据也成为证明妨碍的例外情形。在诉讼上，如果有证据涉及公务上的内容，泄露就导致公共利益受到损害或者给执行公务带来显著不利，无论在立法还是司法上都赋予了当事人享有相应的拒证权，以免因为个案件之间的私权所涉及的事实以损害公共利益为代价或者对执行公务带来不利影响。[①]

（三）证明妨碍的危害

证明妨碍是行为人主观故意或者主观过失，通过隐藏或者消逝证据导致法院不能接近事实影响裁决进，而不能实现司法正义，包括程序正义或者实体正义。因此在证明妨碍的制度架构下，证明妨碍的法律效果不仅造成一种不公平的状态，在司法实践中也使法律处于不利的实施过程。具体到证明妨碍的危害，可以概括为以下方面。

（1）因证明妨碍产生不同的法律适用，造成裁判的不公正，使法院无法查明事实真相。在诉讼中一方当事人提出诉讼请求，另一方当事人答辩，便由事实争议进入了法院审理形成的待证事实，该事实的确定主要取决于当事人的证明活动以及由此产生的法律效果。由于证明妨碍的存在使诉讼事实与待证事实产生一定距离或者使法院不能接近事实，即使法院做出裁决也不能体现公平和公正。

（2）公共政策上的影响。上述危害造成的不利的法律效果不仅是从司法构造上显现出来，而且在公共政策上也有显著的影响。证明妨碍的核心问题是让当事人在诉讼过程中处于不公平状态，将诚信原则作为维系当事人之间法律关系的基石，使证明妨碍制度从现实主义的角度来看具有预防性战略目标，在社会范围内通过诉讼实现社会价值的维护和纠正，使得任何违反证明责任的行为都受到法律的不利后果的制裁，成为司法过程中证明责任的基本考量因素；同时将证明妨碍的制度构架放在维护社会公共政

---

① 美国的开示程序要求当事人在证据开示过程中受到信息特权规则的保护，具体到公职身份或者行为有关的事项上体现为当事人在证明责任上有所保留或者秘匿特权。参见《美国联邦证据诉讼规则》证据部分的规定。

策的战略目标体系内，将制裁作为制止、预防证明妨碍的手段，使当事人之间按照诚实信用，按照公平与公开原则，处理诉讼引发的社会公益化，将建设诚信有效的诉讼秩序变成制度建设的重要考量或者趋向，防止出现证明妨碍的情形。

二、"韩春雨事件"中证明妨碍理论的分析运用以及影响

从法律关系的角度上讲，"韩春雨事件"导致的学术争议体现了不同法律内涵，法律关系分为"市"或者"民"的法律关系和"国"或者"公"的法律关系，需要不同的法律去规范。但是无论是公的法律关系还是私的关系，在"韩春雨事件"中证明妨碍是客观存在的。

结合证明妨碍理论的内涵、构成要件和危害，"韩春雨事件"在一定程度上是学术争议，存在着证明妨碍。

（1）证明妨碍的构成要件分析。如上述分析，在该起学术争议中，在主体上无论是韩还是韩所在的高校由于其中的利害关系成为主体要件[1]，有主观故意或者过失两种形态。在客体上，依据学术实验的规范，应有严格的程序和要求，使发表文章和科学实验的文书和材料能够反映当时的实际状况。但是从事件的过程来看，文章中的结果数据不能重复，反推实验有一定的问题或者原始数据被修改或者伪造，不能真实还原客观事实；同时在补正过程中缺少对于原始数据的第三方监管和证据保全程序，不符合证据的客观性。在长达两年时间里，通过改造实验数据，力求使文章的结论和数据"相互吻合"，使结果有利于自身利益或者自身保护，因此符合证明妨碍的客观要件。总之，在"韩春雨事件"的学术争议中，从诉讼构造的角度讲，韩春雨作为文章作者，为了学术利益，存在证明妨碍的主客观构成要件；韩所在的高校为了实现法人利益，特别是"双一流"建设过

---

① 依据学术界关于证明妨碍主体的界定，行为人或者第三人成为证明妨碍主体要件，可以分为以下几个层面：① 当事人与第三人之间存在某种法律关系如契约关系等；② 当事人与第三人之间存在某种行政法律关系，如行政规章、行政命令等；③ 因为事实形成的其他法律关系等。

程中获得更多的利益如经济利益和社会利益，高校具备证明妨碍的主客观要件。上述当事人在学术争议调查过程中，凭借需要作者陈述事实或者提供证据承担证明责任的条件，假借学术争议的特点而实施证明妨碍——在事件的第二三阶段在没有第三方监督或者证据保全的条件下，通过专业技术和科学实验流程、数据等专业技能修订材料，重新提交杂志社，本身就符合证明妨碍的构成要件，以维护个人学术利益和高校法人的特殊地位以及防止出现因不能满足社会知情权而导致的不利后果。

（2）没有证明妨碍的例外事由。综上各国都在立法体例上将有可能使证据持有人受到刑事追诉或者导致其名誉受到损害构成了证明妨碍的例外，涉及商业秘密或者个人隐私的证据也构成了证明妨碍的例外，涉及公务员职务上特定的证明或者公共机构掌握的特定证据也成为证明妨碍的例外情形。从案件披露的情况上看，韩的团队科研行为没有涉及刑事追诉，也不涉及商业秘密和个人隐私，韩本身也不是公职人员，不存在例外事由。

三、高等教育学术争议证明妨碍的法律规制

（一）规范高等教育学术争议证明妨碍坚持的价值理念

进入现代社会，为了适应社会发展潮流以及推行新型价值观念的体系构造，在传统辩论主义的构架下进行系统改造，以修订传统的举证责任；在事实陈述和提供证据义务上强化了非事证当事人的阐明义务。然而为了诉讼利益当事人实施了各种可能的行为，有证明妨碍的行为诱导法院或者其他裁决机构做出对于对方不利的判决或者于己有利的裁决，为此构建证明妨碍的规制体系是必要的。同时随着科技的进步和经济全球化，学术已经和日常生活、经济发展和社会进步有机地融合在一起，在解决学术争议的过程中，应当坚持如下价值理念。

（1）社会秩序和法律关系的稳定。学术争议涉及不同性质的当事人，以维护社会稳定和当事人合法利益为前提处理纠纷成为基本价值考量。

（2）依据学术特点有利于社会进步和科技发展。不能理性解决学术争议就不能促进社会的发展。现代实证主义的经验表明学术的重要性不仅通过学术本身体现其价值，而且通过学术后续行为和纠纷解决的文明程度和公正程度来体现。

（二）我国证明妨碍立法和司法概览

我国《民事诉讼法》第102条中采取了概述性规定阐述了证明妨碍，如诉讼当事人或者诉讼参加人伪造、毁灭重要证据，妨碍人民法院审理案件的，采取不同的法律责任予以规范，如先追究行政责任，之后构成犯罪的，依法追究刑事责任。上述规定是人民法院在处理诉讼妨碍时采取的强制措施，甚至是采取刑事手段应对诉讼妨碍。该规定是从公法的角度或者立场出发，但是并未从对方当事人举证角度做出机制安排，未能就当事人的证明责任分配法则及事实认定相联系。法院面对纷繁复杂的社会矛盾缺少必要的司法权威与司法公信力，使得《民事诉讼法》第102条中的措施显得执法力不强，甚至苍白；2002年颁布的《关于民事诉讼证据的若干规定》中第75条规定，可以适用推定原则分配当事人的举证责任，被认为是我国有关证明责任中关于证明妨碍的原则性规定，补充了民事诉讼法中证明妨碍制度的不足；从主观形态上看，应该推定为一种主观故意状态，也与传统证明妨碍主观要件的两大类型有着一定的差距，忽视了主观过失的状态。从证明妨碍的构成要件上看，上述规定还有待于深化，实践过程中还比较生疏，严重影响了该制度的认知和应用，使司法界缺少必要的操作和理性思考，不能应付司法实践过程中证明妨碍蔓延的态势。况且上述立法体例再也未能从行为人的角度或者标准界定证明妨碍，事实上在司法实践中，证明妨碍不仅是诉讼当事人，也可能是与诉讼当事人有关联的第三人。在证明妨碍的客体要件上，我国《民事诉讼法》第63条将法定证据规定为七类；司法解释《关于民事诉讼证据的若干规定》第9条列举了证明方式，如定理、经验法则，从中可以发现我国民事诉讼法并未对证明妨碍的客体做出规定，导致立法缺位，为此只能采取扩张解释，采取司法解释所确认的证明方式以及司法实践所认同的其他证据方式，进而确认证明妨碍制度的基本范畴。总之，我国证明妨碍制度的立法规定体例不完善，构成要件不明确，导致在目前条件下，大量通过第三人故意实施证明妨碍的行为无法单靠民法原则，如诚实信用原则规范来应对，我国快速发展的经济形势和司法形势也不能满足司法实践中法院裁决查明事实的司法要求。保护当事人的合法权益，必须从制度上创新，才能实现司法正义。

（三）高等教育学术争议证明妨碍的规制设想

"韩春雨事件"引发的学术争议中，行政调查结论无法平息社会的质疑，但是其学理价值在于引发了纠纷解决的多元化思考[①]，结合诉讼纠纷解决理论，构建我国学术争议证明妨碍制度。综上分析，我国在民事诉讼过程中的证据分配和证明妨碍中有一定的规范基础[②]，但是在现行立法过程中关于证明妨碍制度体系如证明妨碍的主客观要件和例外情形有待于深化。因此，无论是学术研究还是司法实践，规制学术争议证明妨碍应有如下设想。

1. 学术争议证明妨碍主观构成要件的扩张化规定

从我国立法体例上看，在证明妨碍的主观要件上，我国的司法解释仅仅规定了主观故意，显然是遗漏了当事人主观过失的基本类型，不能满足我国司法实践中关于证明妨碍中的要件，不能约束大量的当事人或者第三人故意实施证明妨碍行为，应在制度设计或者立法中描述为"在学术争议多元化解决过程中，负有证明责任的当事人因为故意或者重大过失导致不能履行证明责任，使机构或者法院不能公正裁决的，应当承担

---

① 2016年10月10日，由北京大学魏文胜教授组织和发起的来自中国科学院等科研院所的13位科学家通过两家媒体（《中国青年报》《澎湃新闻》）实名发表声明，表示无法重复韩春雨的实验，呼吁有关方面组织第三方介入调查。

② 参见我国《民事诉讼法》第64条第1款及相关司法解释，如《关于民事诉讼证据的若干规则》第2条、第4条、第5条和第6条、第73条对于证明责任和证明责任分配法则做出了规定，形成了一套完整的证明责任的分配体系，但是立法者忽视了由于证明妨碍的不公正状态，为此各国立法普遍采取的是合理分配当事人的举证责任，履行协力义务。

法律后果"。

2. 学术争议证明妨碍客观要件的类型化设计

依据学理规定，证明妨碍的客体有五个方面，但是在实践中不能有效地实施司法实践。应当结合立法体例和客观实践，在学术争议多元化解决过程中就客体内容或者客观要件，如证明妨碍过程中的证据种类或者证明方法类型化，便于司法实践，在制度设定或者描述中规定通过类型化或者建设典型案件制度来指导司法实践。

3. 学术争议多元化解决过程中设定当事人的拒证权

拒证权涉及司法理念的变革，民事诉讼涉及当事人的私权利益核心，同时又涉及诉讼的公益性，非事当事人的阐明义务和拒证权之间必须兼顾，对此应依据基本人权的宪法性保障原则以及根据当事人法益上的利益衡量原则，在民事诉讼过程中对于证据持有人可能受到刑事追诉或者导致名誉受到损害的证据义务例外事由上赋予当事人拒证权。因此在学术争议多元化解决立法过程中应明确可能涉及的刑事诉讼被追诉或者导致名誉受到影响的，或者涉及商业秘密或者个人隐私的，或者涉及公职特定秘密的证据或者专用文书，在证明妨碍制度规制中通过立法赋予拒证权，使阐明义务和拒证权合理兼顾。

证明学术证明妨碍最早起源于经验法则，而今已成为法律公平与裁判政策考量中的重要因素。虽然现实上无法精确判别证明妨碍内容的本质，然而无论是学界还是司法界都努力寻求证明妨碍的判定基准，应对证明妨碍对于诉讼正义产生的影响。证明妨碍有主客观构成要件和例外事由，如在客观要件上通过改变证据类型和证明方式上获得不法的诉讼利益，产生不同的法律适用，造成裁判不公正，使法院无法查明事实真相。在"韩春雨事件"的学术争议中，无论主客体要件还是主客观要件上都符合证明妨碍，产生了广泛的消极影响。为此，应在高校科研管理和纠纷救济机制中，规范证明妨碍制度，构建证明妨碍主观构成要件的扩张化规定，实践证明妨碍客观要件的类型化，设定和限制当事人的有关权能。

参考资料

［1］秦惠民. 司法应谨慎介入学术纠纷［J］. 中国高教研究. 2005（11）：   .

［2］高杰，丁云龙. 中国科技期刊在学术争议中的应用对策——以"韩春雨事件"当事期刊为例［J］. 中国科技期刊研究. 2018（15）：   .

［3］张善燊，罗德. 教育仲裁：教育纠纷解决机制的创新［J］. 现代大学教育. 2006.09.

［4］曲光毅，王晓鑫. 论我国在线仲裁制度确立的可行性路径——以美国经验为例［J］. 北京仲裁. 2018.05.

［5］高薇. 论在线仲裁的机制［J］. 上海交通大学学报（社科版）. 2014.11.

［6］卢云华. 在线仲裁研究［M］. 法律出版社. 2015年.

［7］韩德培. 国际私法［M］. 武汉大学出版社. 2001年.

［8］李昌祖. 高校学术纠纷的司法有限介入［J］，《教育评论》，2008（4）：11.

［9］赵健.《国际商事仲裁的司法监督》［J］，法律出版社，2000，171.

［10］丁云龙.《中国科技期刊在学术争议中的应对策略》［J］，《中国科技期刊研究》，2018（1）：29.

［11］江伟，邵明等.《民事诉权研究》［J］，法律出版社. 2002，2.